건국사 재인식

대한민국 건국과 제헌국회

대한민국역사와미래총서 2

건국사 재인식

대한민국 건국과 제헌국회

이영일 지음

東文選

대한민국역사와미래총서 2

건국사 재인식

초판 발행 2022년 12월 25일
2쇄 발행 2023년 2월 10일

지 은 이 이영일

펴 낸 곳 東文選
　　　　제10-64호, 1978년 12월 16일 등록
　　　　서울 종로구 인사동길 40
　　　　전화 02-737-2795
　　　　팩스 02-733-4901
　　　　이메일 dmspub@hanmail.net

ISBN 978-89-8038-946-9 03900

들어가면서

"어떤 정부라도 국민들이 자기 나라에 대해 애착심과 귀속감을 갖도록 교육시키지 못한다면 결코 영속할 수 없다." (막스 베버)

위 글귀는 1980년 5월 20일 필자가 방문했던 독일연방공화국 정치교육본부의 현관 액자에 담겨 있었다. 필자는 한국의 국토통일원과 서독의 내독관계성(Ministerium fuer Innerdeutsche-Beziehungen) 간에 열려 온 '제2회 분단국 문제 한독정책협의회'에 실무수석대표로 참석, 쾰른에 있는 독일연방정치교육본부를 예방했다. 이날 정치교육 본부 측과 양독 간의 교류협력 문제를 놓고 많은 대화를 나누었으나 그 어떤 이야기도 현관에 걸린 액자 속의 글귀만큼 나에게 큰 감동과 울림을 준 것은 없었다.

필자는 당시 국토통일원의 통일교육원장(통일연수소장)을 맡고 있었는데, 액자 속의 글귀는 나에게 던진 큰 질문이었다. 지금 우리 대한민국 정부는 과연 우리 국민들에게 국가에 대해 애착심과 귀속감을 갖도록, 또 목숨을 걸고서라도 지킬 가치가 있는 나라라는 인식을 갖도록 얼마만큼 노력하고 있는가를 실무자의 한 사람인 나에게 물어오는 것이었다. 나는 내내 이 질문을 마음에 품고 자문자답하면서 여행을 마쳤다. 국기에 대한 경례만으로는 너무 미약하다는 느낌을 가지면서 귀국했다.

그 당시 우리나라는 광주사태(광주5·18민주화운동)로 심각한 혼란에 빠져 있었지만, 나는 시사 문제에는 아랑곳하지 않고 우리나라의 통일연수교육이 과연 독일정치교육본부처럼 자기 구실을 다하고 있는가, 교육 커리큘럼도 제대로 짜여 있는가를 놓고 자성의 시간을 가졌다. 솔직히 말해서 그때까지 우리의 정치교육은 대한민국 성립의 정당성과 가치라는 본질 문제보다는 그때그때의 시국의 수요에 따라 남북한 역량을 비교하면서 북한 실정을 파헤치고 알리는 일에만 주력했을 뿐 한반도 전체의 큰 그림을 놓고 대한민국이 통일을 위해 주도해 나갈 대북심리전의 과제를 설정하고 대비하는 데는 지나치게 소홀했음을 시인하지 않을 수 없었다.

특히 분단시대를 올바로 이해하면서 살아가는 데 필요한 국민적 가치관이나 우리나라의 험난했던 건국역사에 관해서, 특히 제헌국회의 성립이나 당시의 지도자들, 건국과정에 관련된 내외정세를 바로 알게 하는 교육은 언제나 겉핥기 수준을 넘지 못하였다. 그런 문제는 학교의 역사교육에 내맡기고, 성인들 상대의 정치교육에서는 아예 취급할 문제의식조차 없었다. 어찌 이뿐인가? 학교교육에서도 한국 현대사는 거의 제대로 다루어지지 않았고, 북한의 직간접 선전공작에 오염된 교사들에 의해 교육 내용이 심각히 왜곡되고 있었음에도 말이다.

그러나 공무원들에게 있어서의 그런 고민은 잠시일 뿐이다. 보직이 바뀌고 다른 업무를 맡으면 새로 책임을 맡은 사람에게 필요한 과제를 인계하는 시간은 거의 없다. 다른 업무를 맡으면 그 순간부터 한국 현대사를 바로 알려야겠다는 문제의식은 사라지고 새로 맡은 일에만 관심을 쏟는다. 필자도 예외는 아니었다. 그러다가 통일교육원장을 그만두고 당시 집권당인 민주정의당의 국회의원으로 피선되고, 곧이어 민정당 중앙정치연원장을 맡게 되었다. 이때도 한국 현대사를 바로 알게 할 좋은 기회를 만났지만 그때 역시 당원만을 상대로 하는 당 차원의 정치교육, 실무교육에만 중점을 두었다.

필자는 좋은 기회가 있었음에도 불구하고 통일을 지향하는 분단 한국사가 나에게 맡긴 소임을 다하지 못했음을 깊이 반성치 않을 수 없었다. 이 책은 비록 여러 가지로 미흡하고 부족한 점이 많지만 대한민국역사와미래재단이 필자에게 모처럼 기회를 주었기 때문에 지난날 주어진 시기에 자기 책임을 다하지 못한 데 대한 자성록(自省錄)을 쓰는 심정으로 집필에 임했음을 고백한다.

소남한단정노선(小南韓單政路線) 비판의 허구

회고컨대 필자는 5·16군사쿠데타 이후 남북학생회담을 제안, 좌경운동권 대학생으로 몰린 서울대학교 민족통일학생연맹사건의 피고로서 혁명재판에 회부되어 7년 징역형을 선고받고 서울교도소에 1년 가량 갇혀 있었다. 덕분에 유사한 죄목으로 구금되었던 이른바 혁신계 인사들과 함께 지내면서 분단시대의 역사 문제를 놓고 토론할 기회가 많았다. 그 토론의 주제는 이승만 대통령의 '소남한단정노선 비판'이 주를 이루었는데, 그 당시 필자는 '소남한단정'이라는 말의 뜻조차 모를 때였다.

나는 나이 7세 때 해방을 맞았고, 감옥에 갇혔을 때는 23세이어서 그분들이 체험했다는 건국역사에 대해 잘 알지 못해 적극적으로 내 주장을 내세울 수 없었다. 그렇지만 선배들의 이야기를 흥미있게 들으면서도 동시에 '뭔가 사실 아닌 것이 사실인 것처럼 그럴듯하게 포장되어 나올 때 느껴지는 거리감이랄까 소외감' 같은 것이 내 뇌리에 축적되어 갔다. 나의 부족한 역사지식 때문에 토론에 끼어들지는 못했지만, 그들의 말에 쉽게 동화되지는 않았다.

논지는 간단했다. 북한정권은 북한을 점령하고 있던 소련군이 대한민국보다 먼저 북한지역에 위성정권을 세우고 정권의 수상으로 김일성을 임명했다는 것을 학교 역사시간에 배웠는데, 그들은 북한이 소련의 위성정권으로 세워졌다는 사실은 쏙 빼놓고 "이승만이 통일을 바라는 전 민족의 염원을 외면하고 미국의 힘을 끌어들여 남한만의 단독정부를 세운 것이 민족분열의 원인"이라고 거품을 물었다. 이승만을 대통령으로 선출한 대한민국 정부를 비판적으로 씹는 용어가 바로 '소남한단정'이었던 것이다.

이런 논리를 연장하면 이승만은 '분단의 원흉'이 되고, 김구는 '단독정부를 반대하고 협상통일을 부르짖다가 이승만의 사주를 받은 안두희(安斗熙)에게 피살된 위대한 민족지도자'로 떠받들어진다. 이러한 허구가 마치 역사적 사실인 것처럼 떠들어대던 그들의 소리가 지금도 귀에 쟁쟁하다. 그랬던 그들도 이젠 모두 고인이 되었다.

출옥 후 필자는 대한민국의 소위 혁신계들과는 스스로 거리를 둘 수밖에 없었다. 그들은 대한민국의 여러 정치단체들 가운데 북한의 대남심리전에 오염된 정도가 극심하였고, 그렇게 왜곡된 사실들을 떠들고 퍼뜨리는 것 자체를 혁신이나 진보적인 행위로 착각하는 자들이었기 때문이다.

건국사 왜곡은 북한 심리전의 핵심

나는 우리나라 혁신계 인사들이나 역사학자들 가운데 상당수 인사들이 1948년 이래 오늘에 이르기까지 집요하게 되풀이해 오는 김일성 패거리들의 건국사 왜곡 담론을 그대로 믿고 옮기는 분들이 많다고 생각한다.

'소남한단정론'은 김일성 일당들이 펼치는 대남심리전의 핵심 골격으로서 대한민국 건국사 왜곡의 핵심논지다. 따라서 '소남한단정 비판론'은 그것의 볼륨을 높이면 높일수록, 올리면 올릴수록 소련의 위성정권으로 대한민국보다 2년이나 먼저 세워진 북한정권의 반민족적 분리독립 책동은 가려지고 덮어진다. 반대로 대한민국 정부는 미국의 괴뢰가 되고, 이승만은 분단 원흉이 되며, 김일성은 민족통일을 지도하는 절세의 애국자로 뒤바뀌는 드라마가 만들어진다. 어디 이뿐인가. 유엔 감시하의 자유총선거로 통일독립정부를 세우자는 노선에 반기를 들면서 무조건 통일정부만 세워야 한다고 주장한 김구는 위대한 민족지도자로 칭송되어진다.

결국 대한민국은 태어나서는 안 될 정권으로 타도 대상이 되고, 오직 북한정권만이 김일성의 항일빨치산투쟁으로 해방과 독립을 전취한 정통정부로 꾸며지는 선전이 판을 친다. 이것이 바로 주사파들이 말하는 정통노선이고, 이들 때문에 대한민국 건국의 역사는 왜곡, 변질되어진다.

박정희 대통령의 담대한 지도력

이런 북한의 대남심리전에 대항하여 박정희 대통령은 당시 국민교육헌장을 만들고, 대한민국이 민족사적으로 정통정부임을 입증하는 역사작업을 청와대·교육부·국토통일원을 중심으로 진행시켰다. 그리고 그 작업을 지속적으로 추진하고 전담할 조직으로 정신문화연구원을 설립하였다. 그 정신문화연구원이 지금의 한국학중앙연구원이다.

그렇지만 언제나 그렇듯 정부가 중심이 되는 연구기관의 영향력은 민간의 자율적인 연구기관들에 비해 그 파급효과가 뒤진다. 바람직한 현상은 아니지만 그것이 현실이다. 당시도 그랬지만 지금도 정부미 (政府米)보다는 일반미(一般米)가 더 좋고 더 비싸게 팔리는 것과 같은 이치다. 필자는 이런 견지에서 한국 현대사를 정부미 아닌 일반미로 만들어 보려고 재단의 프로젝트에 흔쾌히 참여하였다.

한편 이 기회에 박정희 대통령의 행적에 한마디를 첨언한다. 박정희 대통령이 훌륭한 일을 많이 한 것은 사실이지만 잘못한 일도 있다. 그 가운데 한 가지는 5·16쿠데타가 이승만을 극도로 규탄하던 4·19 혁명 직후의 시기에 일어났기 때문이어서인지는 몰라도 독립운동지도자로서 이승만보다 김구를 더 띄웠다는 점이다. 대한민국의 건국을 방해한 분을 높이 떠받들어 올바른 건국사 정립에 부정적 영향을 미친 점도 간과해서는 안 될 것이다.

세지마 류조(瀨島龍三)의 제보

박정희 대통령이 역대 대통령 중에서 북한의 대남심리전에 더 촉각을 세우고 그 대비에 역점을 두었던 것은 전략가로서 그분 나름의 판단도 있었겠지만, 거기에 더해 일본인 친구로부터 매우 귀중한 정보를 얻었다고 전해진다.

박대통령의 일본육사 선배였던 세지마 류조(瀨島龍三, 당시 일본 이토추상사 회장)가 일부러 한국을 방문, 자기가 지득한 기밀을 전했다. 내용인즉 '김일성이 남침 역량을 비축, 이른바 4대군사노선(전인민의 무장화, 전군의 간부화, 전지역의 요새화, 군장비의 현대화)을 완료할 시점에 마오쩌둥(毛澤東)을 찾아가 1950년대처럼 중국이 도와주면 한국을 제2의 베트남처럼 만들어 공산화 통일을 완수하겠다면서 도움을 청했다고 한다. 이에 대해 마오쩌둥은 작금 중·소 대립상황에서 미국과 제휴하려는 마당에 제2의 한국전쟁이 나는 것은 결코 바람직하지 않다고 잘라 말하고, 김일성에게 통일을 달성하려면 중국혁명에서 많은 교훈을 얻으라면서 군사통일에만 중점을 두지 말고 남한 내의 노동자·교사·지식인·언론인들 속에 침투하여 이들을 조직화함으로써 혁명의 중요한 우군(友軍)을 만드는 것이 남조선 해방의 가장 빠른 길이 될 것이라며, 이런 방략을 택할 경우 중국도 지원에 나서겠다고 했다는 것이다.

이 정보를 접한 박대통령은 아무리 김일성이라도 한미연합방위체제를 상대로 남침을 감행하기에는 자신이 없기 때문에 김일성은 직접침략보다는 간접침략을 택할 것으로 보았다. 이러한 판단에 따라 노동자들의 조직화, 학생·교사·언론인들의 조직화를 철저히 규제·단속하면서 남북한의 사상전·심리전에 맞설 조치들을 서둘러 강구해 나갔다.

아울러 박대통령은 1970년에는 8·15광복절에 발표한 평화통일선언을 통해 (1) 통일수단으로서 무력과 폭력행사를 포기하고, (2) 남북한 관계를 '창조와 건설을 향한 선의의 체제경쟁' 관계로 발전시키자고 김일성에게 제안했다. 뒤이어 특사를 김일성에게 파견, 남북한의 '대결구조를 대화구조'로 바꾸는 획기적 조치를 통해 이산가족을 찾기 위한 적십자회담을 열고 '7·4남북공동성명'을 이끌어내었다. 이로써 베트남 공산화 이후 한반도에서 제2의 6·25동란을 획책했던 김일성의 기도는 저지되었다. 박정희 대통령은 이렇게 위기를 극복하면서 한국군 현대화 작업을 추진하였으며, 그의 사후 이 노선은 전두환(全斗煥) 정권에 의해서도 그대로 승계되었다.

김일성은 자기의 통일전략에 철저히 제동을 거는 한국의 강력한 군사정권을 그대로 두고서는 공산화 통일이 어려울 것으로 보고 박정희 대통령을 두 차례나 직접 시해하려고 시도했으나 실패하고(1·21사태와 육영수 여사 피살), 다음에는 버마의 아웅산에서 폭탄테러로 전두환 대통령을 시해하려고 했지만 실패하였다. 이때부터 김일성은 대남전략의 중심을 간접침략으로 바꾸고 비밀리에 핵개발에 착수했던 것이다.

6·29선언으로 안보태세 해이해져

이른바 6·29선언을 통해 민주화를 내세우면서 정권을 잡은 노태우 대통령은 남북한 간의 긴장완화와 북방정책을 펴나간다는 새로운 정책을 발표하고, 민주화 시책을 확대하면서 북한 공산당이 노리는 간접침략 공세에 틈새를 내주기 시작하였다. 이때부터 노동자들의 단결 행동이 가시화되기에 이르렀고, 교사들의 단결운동도 한층 더 거세졌다. 여기에 민주화를 앞세운 운동권 대학생들도 조직화의 강도를 높여 갔다.

노태우의 뒤를 이은 김영삼 정권은 피가 동맹보다 중요하다면서 대북강경정책을 대폭 완화, 자신의 호탕함과 배포를 과시하듯 미전향 간첩 리인모 노인을 북송시키고 속초항을 통해 북한에 대량의 쌀을 보내기 시작하였다.

김대중 정부는 한걸음 더 나아가 민주노총과 전국교원노조를 합법화시켰다. 특히 대북정책에서도 햇볕정책을 내놓으면서 북한정권에 대한 물량 지원을 확대하였다. 민주화란 미명으로 합법화된 민노총은 대한민국의 산업현장을 파업과 분쟁으로 몰아넣어 생산성을 떨어트렸다. 김대중이 합법화시킨 전교조는 초기의 설립 명분인 '참교육'이라는 취지는 뒤로 하고, 학교를 대한민국 건국사를 왜곡하고 파괴하는 전진기지로 변질시켜 나갔다.

일부 학계에서 건국사 왜곡에 앞장

정치권의 이러한 상황 변화를 틈타서 한국의 일부 국사학계에서도 대한민국 건국사를 왜곡해 온 북한의 주장을 마치 정통 역사인 양 받아들이면서 대한민국을 부정하는 일에 앞장서기 시작하였다.

이들은 정치의 민주화가 열어준 학문의 자유, 언론의 자유를 '북한 문제에 대한 금기(禁忌)의 해제'로 간주하고 친북 논조를 거침없이 쏟아내었다. 예컨대 북한 실정을 말할 때는 '내재적 접근'을 내세워 북한의 특수성을 감안, 북한의 반인권과 자유 박탈을 이해해야 한다고 적극 비호하면서도 한국에 대해서는 인권과 민주주의의 잣대를 엄격히 들이대면서 가혹하게 비판한다.

6·25전쟁을 계기로 지하에 잠복했던 종북·친북적 요소들이 민주화와 진보의 탈을 쓰고 건국 역사 왜곡의 현장에 모습을 드러낸 것이다. 그들은 당당하게 북한 대남심리전의 핵심 개념을 그대로 한국 사회에 침투시키는 건국사 파괴작업에 나섰다. 제주 4·3사건을 민족해방을 위한 민중의 궐기로 표현한 것은 역사왜곡의 극치였다.

1980년대를 전후해서 출간된 이른바 《해방전후사의 인식》이라는 표제의 역사평론집의 내용을 살펴보면 상당수의 글이 허구에 찬 북한 주장을 그대로 건국사 비판에 옮겨 놓고 있었다. 북한은 농지개혁에 성공했고, 한국은 실패했다고 하는 식의 주장이 그 대표적인 예이다. 결국 전교조 교사와 역사학자들은 서로 제휴하여 '소남한단정 비판론'을 새롭게 들고 나왔다. 뒤이어 국민의 역사적인 반일감정을 무기로 하여 해방과 함께 사라져 버린 친일파 문제를 다시 논쟁의 무대로 끌고 나왔다.

이런 분위기 속에서 민주화를 떠들어대는 일부 대학생들은 김일성의 대남심리전 방송을 청취, 교재화(敎材化)함으로써 소위 주사파로 변해 갔고, 이들이 대학 내 학생운동을 장악·지배하는 사태마저 초래하였다.

당시 노무현 대통령은 공공연히 "대한민국은 태어나서는 안 될 나라!"라고 말하는가 하면, "군대 가서 썩는다" "만사가 개판 되어도 남북대화만 잘되면 좋다!"고 공공연히 주장하였다.

문재인 대통령도 대한민국의 건국을 방해하기 위해 공산당 지령으로 발생한 제주 사건을 "국가폭력으로 통일을 부르짖는 민중을 탄압한 행위!"라고 주장했다. 실로 대한민국은 존폐의 위기 속으로 빠져 들어가는 것 같았다. 문재인 정권은 등장과 더불어 대한민국이 각 분야에서 누리던 대북 우위체제로서의 강점을 약화시켰고, 미국대사관 앞에는 경찰의 단속이 전무한 상태에서 하루도 쉬지 않고 주한미군 철수를 요구하는 피켓을 든 자들이 진을 쳤다.

다행히 지난 대통령 선거에서 국민들이 주사파정권을 퇴출시킴으로 해서 큰 위기는 넘겼지만, 나라를 망치기 위해 주사파들이 지난 5년 동안 파놓은 수많은 함정들을 메우는 데 많은 시간과 경비를 쏟아 넣어야 할 지경이다. 동시에 정부는 4차산업혁명의 물줄기를 따라 한시도 멈출 수 없는 국가발전의 역량을 키워 나가야 할 도전에 직면하고 있다.

'나라를 망치려면 역사를 파괴하라'

시진핑은 중국의 옛 속담을 인용, "한 나라를 무너뜨리려면 먼저 역사부터 파괴하라"는 말이 있다면서 반대파들이 거론하는 현대사 토론을 금지시켰다.[1]

대한민국은 해방 이후 지금까지 김일성 집단에게 하루도 빠짐없이 건국 역사를 부정하는 역사파괴와 왜곡 음모 앞에 노출되어 있었다. 이것은 남북대결이라는 대치상황에서 비롯된 것이지만, 그 이면에는 소련이 북한의 배후세력인 데서 그 필연성이 더욱 강화되었다.

제정러시아는 19세기 말엽 이래 극동에서 부동항(不凍港)을 얻기 위해 만주 지역이나 한반도를 러시아의 영향권 속으로 끌어넣으려는 정책을 멈추지 않았다. 1896년의 아관파천(俄館播遷)은 러시아의 한반도 공작이 얻은 성공 사례다. 러시아가 한반도를 발판으로 삼아 해양

---

1) 《서울신문》, "시진핑, 한 나라를 무너뜨리려면 역사부터 파괴하라", 류지영 베이징특파원, 2021년 2월 23일.

진출을 시도하자 영국은 거문도(巨文島)를 점령하고 일본과 제휴, 영일동맹을 맺고 대비했다는 것은 외교사에서 잘 알려진 일이다. 그러다가 러일전쟁의 패배로 한반도에서 러시아의 영향력은 쇠퇴하였다.

소련의 영토 야심이 분단을 초래했다

그러나 제2차 세계대전 종전 직전 소련은 미국 루스벨트 대통령의 대일전(對日戰) 참가 요구를 수용, 전승국 반열에 오르면서부터 부동항 확보라는 제정러시아 이래의 목표를 추구하기 시작하였다. 말이 참전이지 일본군과는 한번도 싸운 적도 없지만, 전승국이란 명분만으로 만주의 중요지역으로서의 여순(旅順)·대련(大連) 항구를 차지하고 한반도의 북녘지방을 점령하면서 청진항을 군사·물자보급 통로로 활용하고, 북한 전역을 소련의 위성국가로 만드는 작업에 착수하였다. 일본군 무장해제를 명분으로 진행된 미·소 양군의 한반도 분할점령이 결국 한반도를 남북으로 분단시키게 된 것은 소련의 부동항 확보라는 영토적 야심 때문이었다.

그에 반해 미국은 한반도에 대해 영토적 야심이 조금도 없었다. 소련은 루스벨트 대통령과 스탈린 수상의 양 정상이 합의한 미소공동위원회를 거치지 않고 북한을 점령한 직후부터 38도선을 철책선으로 바꿔 버렸다. 1946년부터 북한지역에서 김일성을 공산당의 지도자로, 새로운 집권세력으로 만들면서 화폐를 발행하고, 토지개혁을 단행, 북한의 모든 관직을 소련군이 직접 임명하는 등 별개의 국가로 만들어 나간 것이 한반도 분단·고착화의 시작이었다.

이 사실을 은폐하고 유엔 감시하의 자유총선거로 수립된 대한민국을 '소남한단정' 세력으로 몰아붙이면서 이승만을 민족분열의 원흉으로 매도한 것이 바로 소련의 대남심리전 공작이었다. 북한의 대남심리전은 바로 이 공작의 복사판이다. 국내 일부의 좌파학계에서는 소련이 주도한 위성국 공작에는 눈을 감으면서 식민사관·분단사관·민족주의사관 등의 사론(史論)들을 내놓았다. 그러나 하나같이 언어의 유희다. 여기에 맞장구친 한국 사학자들은 결과적으로 소련 및 북한의 대남공작에 이용당한 자들이며, 대한민국 건국사 왜곡의 주범들이다. 이들이 휘두른 칼에 이승만은 분열의 원흉이 되었고, 대한민국은 태어나서는 안 될 나라로 왜곡되어졌다.

우리는 이러한 현대사 역사왜곡을 바로잡는 일을 소홀히 했기 때문에 광우병 파동을 겪었고, 민주적 선거를 통해 성립된 합법적 정권이 기만적인 대중선동으로 탄핵, 붕괴되는 꼴도 보았다. 광우병이나 탄핵사태에 동원된 힘의 정체를 파고 들어가면 김일성이 심어 놓은 주사파 공작의 실적들이 한눈에 드러난다. 이제 이러한 사태가 되풀이되지 않도록 현대사 인식을 바로잡는 가치관 혁명이 요구된다. 북한의 김일성주의는 남한을 분열시키는 조직화와 선전선동에서는 그간 상당한 수준의 성공을 얻었다. 그러나 그것뿐이다.

오늘날 북한의 현실은 어떠한가. 북한은 핵무기와 미사일을 개발했다지만 전체 인민을 굶주리게 하는 지구 최빈국이다. 오늘의 북한은 조지 오웰(George Owell)이 말하는 동물농장의 재판이 되고 있다. 김일성의 소위 주체 역사 꾸미기에 이용당했던 주사파 역사학자들의 어느 누구에게라도 북한에 가서 살고 싶냐고 묻는다면 한 사람의 지원자도 나서지 않는다. 북한은 '가서 살고 싶지 않은 나라'로 전락했다. 이제 '정말로 태어나서는 안 될 나라는 대한민국'이 아니라 바로 북한 아닌가?

지금 대한민국은 세계랭킹 10위권 안에 드는 경제대국이다. 2021년 7월 2일 국제연합통상개발회의(UNCTAD)는 한국을 후진국을 탈출하는데 성공, 선진국으로 진입한 유일한 국가라고 발표했다. 김일성주의를 따랐던 역사학자들은 사실에 기초하지 않은 허구를 따랐기 때문에 더 이상 쓸모가 없어졌다. 대한민국 체제의 혜택을 듬뿍 입으면서 대한민국을 배반했던 역사학자들은 길 잃은 순교자의 길을 걸어야 할 것이다.

건국사를 바로 알고, 바로 배우자

필자는 이 책에서 해방 전후의 시기로부터 오늘에 이르기까지 대한민국의 제헌국회가 내외의 도전 속에서 이룩한 건국의 업적을 밝히면서 그 인식과 공감의 폭을 넓히려고 미흡하지만 노력했다. 아울러 북한 공산당과 그에 동조해 온 남한 내 일부 역사학자들의 건국 역사왜곡 공작의 진상을 파헤치면서 우리의 건국사를 객관적으로 새롭게 조명하는 데 주력하였다.

필자는 역사학자가 아니다. 11대, 12대, 15대 국회의원을 역임한 정치인이다. 한민족복지재단과 함께 북한 지역을 수차례 방문한 바도 있다. 필자는 분단의 현대사를 살아오면서 한 정치인으로서 보고, 느끼고, 학습하고, 체험한 바를 이 글에 옮겨 우리나라 건국의 역사를 바로 알게 하는 데 도움이 되고자 이 작업에 참여하였다. 통일교육원장과 민주정의당 중앙정치연수원장 시절에 다하지 못한 책임을 완수하기 위해 해방 전후의 역사자료, 특히 제헌국회 속기록을 읽는 데 어려움이 많았지만 나름 최선의 노력을 경주했다.

여러분들의 도움을 받았다

여러 가지로 능력이 부족한 사람이지만 많은 분들의 도움이 있음으로 해서 이 작업을 마칠 수 있었다. 집필에 필요한 대부분의 자료는 서울대학교 한국정치연구소 소장을 역임한 안도경 박사와 동 연구소 박사과정의 고중용 조교의 도움이 컸다. 특히 코로나 바이러스 때문에 국회도서관이 닫혔을 때 소장하고 있던 제헌국회 속기록을 필요 부분 중심으로 발췌, 지원해 주었고 연관된 학술논문들을 찾아 보내주었다. 이 도움이 없었더라면 집필이 훨씬 늦어졌을 것이다. 또 나의 경력과 소질에 맞는 분야를 집필 범위로 할당해 주신 대한민국역사와미래재단의 김형석 박사에게도 감사드린다. 더불어 도서출판 동문선(東文選) 신성대 사장님의 각별한 배려와 성원에 감사드린다. 책 내용을 심독하면서 필요한 지적을 해주신 이민원 박사(동아시아역사연구원장), 김권정 박사(국사박물관 학예실), 《카이로선언》이라는 명저를 남긴 정일화 박사, 한국학 중앙연구원의 방용식 박사, 언론인으로서 한국사 논쟁을 빠짐 없이 취재, 평가하는 중에 《역사전쟁》이라는 대저를 내놓으신 박석흥 전 문화일보 편집국장 등 재단의 역사연구위원회 여러분들에게 뜨거운 감사를 드린다. 특히 책 속에 담을 적절한 역사 자료로서의 사진 자료를 폭넓게 구해 주셨고 적절한 중간제목을 삽입해서 읽기 편한 책으로 만들어 주신 동문선 편집인들에게도 감사드린다. 현대사에 관련된 역사 문제를 주제로 다루기 때문에 여러 가지 견해 차이, 해석 차이도 생길 수 있고 반론도 만만치 않을 것이다. 많은 비판과 질정을 기대한다.

끝으로 망구(望九)를 바라보는 나이임에도 노화(老化)와의 싸움에서 지지 말라면서 나의 집필을 격려해 준 아내 鄭晶愛에게도 감사의 말을 빼놓을 수 없다. 또 자식 걱정 없이 살도록 잘 크고 잘 자라준 나의 사랑하는 3남매(知允, 知惠, 知常)와도 출간의 기쁨을 함께 나누고자 한다.

차 례

제1부

건국전사에서 대한민국 수립까지

1. 건국전사(建國前史)

　대한민국의 건국은 우리 겨레가 한반도를 생존무대로 정치생활을 시작한 이래 가장 획기적인 사건이다. 대한민국은 우리 역사상 국민을 주권자로 하여 세워진 최초의 민주독립국가이기 때문이다.

　물론 대한민국이 탄생하기 이전의 시기에도 설화(說話)처럼 전해지는 고조선으로부터 부족연맹 형태의 정치체로서의 고구려·백제·신라의 시대가 있었다. 또 이 세 부족국가를 전쟁을 통해 하나로 합친 통일신라가 있었고, 다시 후3국으로 분립했다가 고려로 통일되고, 400여 년간 유지된 고려왕조는 이성계(李成桂)가 주도하는 역성혁명(易姓革命)으로 붕괴되고 조선왕조가 세워졌다.

　이후 500여 년을 버텨 온 조선왕조도 19세기가 끝나갈 무렵 서세동점(西勢東漸)이라는 역사의 큰 물결에 휘말리면서 타율적으로 왕조의 탈을 벗고 국호(國號)를 '대한제국(大韓帝國)'으로 바꾸면서 잔명(殘命)을 부지하려고 노력하였다. 국호에 걸맞게 새 연호(年號)도 만들어 '건양(建陽)'이니 '광무(光武)'니 칭하면서 면모를 일신하고자 하였다. 하지만 그 기간은 너무 짧았다. 곧 일본에 합병당함으로써 그 존재가 지도 속에서 사라져 버렸다.

이상 약술한 바 우리 역사에 등장했던 국가들의 이야기는 모두 대한민국의 전사(前史)에 해당할 것이다. 그러나 대한민국이 탄생하기 이전의 왕조들은 지금 우리가 알고 있는 의미의 주권국가나 민족(국민)국가가 아니었다. 잠시 등장했다가 일본제국에 합병된 대한제국(1897~1910)이 그나마 형태로만 본다면 근대국가의 외모를 비슷하게 갖추었다고나 할 수 있겠다.

이 모두(冒頭) 글은 대한민국의 탄생과정을 밝히기에 앞서 당시 조선 역사를 규정했던 동아시아 국제질서의 맥락을 서양 근대 국민국가 성립과정과 대비하면서 전개할 논리의 준거가 된다.

1) 동아시아 국제질서와 서양의 근대국가

먼저 조선의 존재를 규정했던 동아시아의 국제질서를 간략히 살펴보자.

대한민국이 탄생하기 이전의 동아시아 나라들은 중국대륙을 지배한 황제와의 조공책봉(朝貢册封)협약에 의거하여 주권행사를 제약받는 제후국의 지위를 갖는 국가들이었다.

중국대륙을 통일한 진(秦)나라는 자국의 주변국가 관리방식으로 중국을 천하의 중심에 올려놓고 나머지 주변국들을 중국을 섬기는 소국(小國)으로 간주하는 이른바 동양유교문화권의 국제질서를 형성했다.[2] 이 당시 국제질서로서의 동양유교문화권은 역사가들이 흔히 화이체제(華夷體制)라고 부르는 것으로 중국 황제가 천자(天子)가 되어 위계(位階)의 최상부에 있고, 주변국들은 중국과의 위치에 따라 동이(東夷)·서융(西戎)·남만(南蠻)·북적(北狄)으로 분류되면서 중국 황제에게 조공을 바치고 군주로서 책봉을 받는 체제였다.

이 체제는 중국과 주변국이라는 비대칭적(非對稱的) 상황(중국은 땅이 넓고 인구가 많아 힘이 센 반면 주변국은 상대적으로 약한 처지) 속에서 조공·책봉협약을 맺어 섬김으로써 존립의 안전을 보장받고 약소국 상호 간에는 교류와 친선을 도모하는 질서를 유지했다. 이를 사대교린체제(事大交隣體制)라고 한다.

그렇지만 당시 화이체제는 내치외교에서는 책봉받은 국가들에게 고도의 자치를 보장한 점에서 서양의 식민지속국(Tributary)과는 개념이 달랐다. 또 주권국가의 형태는 갖추고 있었지만 외교에서는 소련의 통제, 즉 코민테른의 지휘를 받아야 하는 점에서는 소련의 위성(衛星)국가와도 달랐다. 특히 청나라는 조선에 대해서는 사대의 예(事大之禮)와 조공을 받는 것으로 만족하였을 뿐 내치외교에는 거의 간섭하는 일이 없었다.

그리고 화이체제는 집단안보의 부담이 없다는 점에서도 책봉국의

---

2) 李用熙 교수는 그의 《一般國際政治學》(上)에서 서양이 동양을 지배하기 전에는 동아시아를 중심으로 성립된 유교문화권(儒敎文化圈), 소아시아와 중동에 뿌리내린 사라센문화권, 서양의 기독교문화권의 세 개의 국제법질서가 존재했는데, 산업혁명으로 군사적으로 강대해진 서양이 비기독교 문화권의 국제질서를 서양의 것으로 대체시킴으로써 오늘의 국제법질서가 탄생했다고 한다. 민병원, 조인수 외 다수, 《장소와 의미—동주 이용희의 학문과 사상》, 연암서가, 2017년, pp.97~99.

자율성을 크게 침해하지는 않았다. 단지 조공에서 조공녀(朝貢女)를 요구한 것은 적폐에 속하며, 결국 일본제국의 악행으로 지적되는 위안부 문제의 원형도 중국에서 그 기원을 찾아야 할 것 같다. 조선왕조는 대한민국이 탄생하기 이전까지는 바로 이런 체제에 묶여 있었다.

2) 서양의 근대국가 발흥

한편 서양에서 근대 국민국가 또는 민족국가가 탄생한 것은 세속군주들이 유럽 역사의 수세기 동안 중국의 천자처럼 유럽대륙을 지배해 온 로마 교황(敎皇)의 지배를 거부하면서 자기 국가와 인민을 독자적으로 장악·발전시키겠다는 결의가 싹트면서 시작되었다.

세속국가를 만들겠다는 결의의 정치 명분으로 민족주의가 등장하고, 민족주의가 정치운동으로 발전한 결과 민족국가가 탄생하였다. 민족이 민족주의를 만든 것이 아니라 민족주의 운동이 정치화되면서 민족을 만든 것이다. 여기에는 혈연공동체를 강조하는 종족주의 관념을 넘어서서 군주가 지배하는 영역 내에 거주하는 모든 인민을 민족(국민)으로 만들어 나갔다. 따라서 민족국가는 로마 교황 권력의 속박에서 벗어나려는 서구 근대민족주의 운동의 산물이었다.

동시에 서구는 국력의 차이를 가져오는 인구나 영토의 넓이 등 국가 간의 비대칭적(非對稱的) 요소에도 불구하고 모든 국가를 평등한 국제법의 주체로 간주하였다. 1648년에 유럽국가 간에 합의된 베스트파렌(Westphalen) 체제가 바로 이것이다. 이후부터 서양의 대소국가들은 각기의 국가(國歌)와 국기(國旗)를 만들어 자국의 상징으로 삼았다. 반면 동아시아에는 이러한 상징으로서 국가나 국기가 없었고, 천자를 떠받드는 변방의 제후국들은 중국의 연호를 따랐을 뿐 독자적인 연호를 만들어 쓸 수도 없었다.

3) 대한제국의 성립

조선왕조는 산업혁명에 성공한 유럽제국들이 함대를 앞세우고 아시아대륙으로 몰려드는 19세기 말의 역사적 대변동 상황을 전혀 모른채 아무 대비 없이 종주국 중국에만 매달리다가 망국의 길을 걸었다.

조선은 종주국으로 받드는 중국이 서구 침략세력에게 무릎을 꿇고 1842년 난징(南京)조약에 서명, 베스트파렌(Westphalen) 체제가 말하는 일개의 주권국가로 전락하는 역사 자체를 제대로 이해하지도, 의식하지도 못했다. 자신의 운명을 국제정치적으로 규정하는 화이체제(華夷體制)가 끝장난 줄도 몰랐다.

그러나 일본은 서세동점의 역사적 변동상황을 자기 앞의 도전으로 받아들이고 잽싸게 1865년 메이지유신(明治維新)을 단행, 자기의 진로를 서양화로 바꾸면서 개혁개방의 길로 나섰다. 조선과 달리 일본은 세계사의 진운에 보조를 같이함으로써 망국의 길을 피했다.

당시 조선의 국왕을 비롯한 지배계급은 이미 잔명부지(殘命扶持)에 급급한 종주국으로서의 청(淸)나라만 바라보면서 역사적 변화의 시기에 주체적으로 대응해 나갈 능력과 예지를 보여주지 못했다. 중국은 조선 조정의 이러한 아둔한 태도를 역이용, 서구 열강들에게 속국자주(屬國自主)의 길을 걸어온 조선을 서양 국제법에서 말하는 중국의 완전속국(Tributary)이었다고 몰아붙이면서 변화된 정세에 적응할 외교능력을 사실상 박탈해 나갔다.[3]

마침 이러한 때에 일본은 운요호(雲揚號)사건을 일으켜 강화도조약을 체결, 조선과의 정식 외교관계를 수립하였다. 강화도조약은 내용상 불평등 요소를 담고 있었지만, 조선의 지위를 외국과 조약을 체결할 수 있는 국제법의 주체로 만들어 주는 효과를 생산하였다. 쉽게 말하면 조선을 베스트파렌적 의미의 주권국가로 대접받게 해준 것이다. 이에 당황한 중국은 일본을 견제할 목적으로 조선을 미국과 수호통상조약을 맺게 해주었고(1882년), 이어 영국·독일·프랑스 등과 수교할 길을 터주었다.

이때까지만 해도 조선의 보호자처럼 행세해 오던 중국은 1894년 동학농민혁명을 진압해 달라는 조선 조정의 요구에 호응, 군대를 파견했지만 이에 맞서 출병한 일본군과 한반도의 육상과 해상에서 충돌했다. 이 충돌이 마침내 양국 간의 전쟁으로 확대되었다. 외교사가 청일전쟁(중국에서는 甲午戰爭으로 부름)으로 부르는 이 싸움에서 중국은 대패했다. 이로써 조선에 대한 종주국으로서의 중국의 발언권·영향

---

3) 이양자, 《監國大臣 遠世凱》, 한울, 2020년, pp. 73~78.

력은 일거에 사라져 버렸다.

1899년 조선은 역사상 처음으로 중국과 대등하게 조중수호통상조약(朝中修好通商條約)을 체결함으로써 마침내 중국의 영향권에서 벗어나게 되었다. 아울러 중국 주도의 화이체제도 동아시아에서 끝장났다. 중국도 역사 이래 처음으로 조선 수교국 중의 하나로 한국 외교사에 이름을 올리게 되었다.

조선이 중국의 굴레에서 완전히 벗어나 형식상 중국에서 독립된 주권국가로 체통을 세우고 대한제국을 선포한 것은 결코 탈중국을 향한 주체적 노력의 산물이 아니었다. 국제정치적으로 보면 청일전쟁의 패배와 이 전쟁을 종결시킨 시모노세키조약(下關條約 혹은 馬關條約이라고도 함)의 결과이기 때문에 일본의 부추김과 친일파들의 농간도 작용했을 것이다.

1897년 10월 12일, 조선이 대한제국(大韓帝國)으로 국호를 바꾸고 청나라 연호를 폐기하고 광무(光武)라는 연호를 선포한 것은 일견 명실상부한 자주독립 의지를 만천하에 표현한 것으로 보인다. 그러나 이러한 결정에 작용한 정신적 기초를 자세히 살펴보면 결코 자주독립 정신의 표현이 아니었다. 당시 조선 국왕과 지배 엘리트는 중화사상(崇明)으로부터의 정신적 독립은 꿈도 꾸지 못했다. 칭제건원(稱帝建元)의 기본 논리는 "조선은 한당송명(漢唐宋明)의 중화문물을 계승한 적자다. 중화의 법통을 이어받아 '기자(箕子)'의 땅 조선에서 진정한 중화가 완성되었으니 우리도 황제의 나라가 되는 것이 마땅하다"는 어처구니없는 논리를 배경에 깔고 있었던 것이다.[4]

고종이 대한제국을 선포하고 황제에 오른 것은 소중화(小中華)에서 한 차원 더 진보하여 조선이 스스로 중화가 되었다는 '조선 중화주의의 완성'을 만천하에 알리는 것으로 생각하고 있었다. 대한제국 선포의 정신적 배경이 이러하기 때문에 대한제국의 황제인 고종은 당시의 시대정신인 민국(民國) 정치이념을 계승한 계몽군주가 아니라 러시아 황제를 이상(理想)으로 여기는 전제군주가 목표였다.[5]

1899년 8월 17일에 공포된 〈대한국국제(大韓國國制)〉, 즉 대한제국 헌법은 전 9개조 중 제2조부터 9조까지 황제의 대권만 규정되어 있을 뿐 국민의 권리에 대한 규정은 전무했다. 결국 조선은 초기의 왕도정치에서 출발하여 사림(士林)정치로, 사림에서 노론(老論)으로, 노론에서 가족(세도)통치로, 가족에서 황제1인 독재로 권력이 집중되는 반시대적 행보를 거듭하다가 나라를 망쳤다.[6]

4) 민간이 중심이 된 자주독립운동

대한제국의 탄생은 이상 살펴본 내외정세 변화가 주된 원인이었지만, 한편 조선 민중들 차원에서도 탈중국·자주독립을 부르짖는 운동

4) 김용삼, 《세계사와 포개읽는 한국 100년 동안의 역사》, 백년동안, 2020년, pp. 12~13.
5) 박종인, 《대한민국징비론》, 와이즈맵, 2019년, p.345 재인용.
6) 김용삼, 앞의 책, pp.12~13.

대한제국 황제 고종

이 자생적으로 등장했다. 1896년에 발족한 독립협회운동이 그것이다. 서재필(徐載弼)·이상재(李商在)·이승만(李承晚)·윤치호(尹致昊) 등이 중심이 된 독립협회운동은 조선의 자주독립을 명분으로 내걸고 《독립신문》을 발간하는 한편 외세에 의한 이권탈취(철도부설권, 지하자원 개발권 등)를 반대하는 운동을 강력히 전개하였다.[7]

같은 해 11월에는 중국 사신을 맞던 모화관(慕華館)을 독립관으로 개칭하고, 영은문(迎恩門)을 독립문으로 바꾸면서 자주독립정신의 상징으로 삼았다. 독립협회는 국민들의 호응 속에서 1897년 2월 러시아 영사관에 피신해 있던(俄館播遷) 조선 임금 고종의 환궁을 촉구, 마침내 실현시켰다. 이어 고종은 조선의 국호(國號)를 대한제국으로 바꾸면서 연호를 제정하는 등 외견상 조선국가의 개조작업에 나섰다.

그러나 대한제국의 출범은 서양의 근대국가 성립과는 과정이 너무 달랐기 때문에 근대국가가 갖추어야 할 국가로서의 규범인 헌법이나 국가(國歌)와 국기(國旗) 같은 국가 상징물을 만드는 데 필요한 국민적 합의를 조성할 여건이 못 되었다. 해서 먼저 국호를 대한제국으로 제정해 놓고, 그 뒤에 국가 상징물을 만들어 가면서 외국들로부터 국가 승인을 밟는 코스를 따르지 않을 수 없었다.

이러한 상황에 비추어 독립협회를 주도한 당시 선각자들은 《독립신문》을 통해 민주·민권사상을 고취, 입헌정치를 계몽하는 한편 국가 규범으로서 의회정치의 실시 문제를 제기하고, 애국가의 가사도 공모

---

7) 이민원, 《고종평전》, 도서출판 선인, 2021년, pp.214~217.

하면서 국기(國旗)와 국가(國歌) 제정을 조정에 건의·추진했다. 당시 조정에서는 외국과의 조약 체결상의 필요성 때문에 국가(國歌)와 국기(國旗) 제정 문제에는 긍정적이었지만, 국가 규범으로서의 입헌군주제 도입 문제에는 독립협회와 입장을 달리하였다.

독립협회는 날로 늘어나는 국민적 호응을 등에 업고 1898년 종로 광장에서 만민공동회(萬民共同會)를 개최하고, 시국에 대한 '6개조 개혁안'을 결의하고 그 시행을 고종황제에게 주청하였다.[8] 고종은 나날이 정치화되고 있는 독립협회를 해산하고 새롭게 등장한 만민공동회도 해산하고 싶었지만 민중의 지지 열기를 감안하여 중추원(中樞院)의 기능을 입법의회의 기능으로 대체, 탈바꿈시키면서 포용정책을 시도하였다.

그러자 조정의 실권세력들은 자주독립과 개혁을 요구하는 독립협회운동과 그 변형으로서의 만민공동회를 "고종황제를 폐위하고 공화정을 꿈꾸는 반역"으로 몰아 탄압하였다. 이승만 등이 이때 대역죄인으로 몰려 한성감옥에 갇히는 사건이 발생했다.

역사에는 가정법이 없다지만 돌이켜보면 대한제국이 선포되던 1887년부터 일본이 조선의 외교권을 박탈한 1905년의 을사조약(乙巳條約)까지의 8년간은 대한제국이 제대로 된 국가로 도약할 수 있었던 황금 같은 시기였다. 자생적으로 성립된 독립협회와 만민공동회를 통해 자주독립의 민중적 기반을 조성하면서 독립국가로 크게 약진할 기

---

8) 李基白, 《韓國史新論》(新修版), 一潮閣, 1999년, p.391.

만민공동회에 운집한 군중들

회가 있었지만, 고종황제의 시대착오적 열등성과 무능, 또 사리사욕에 눈먼 조정 대신들의 부패와 파쟁, 외세에 기생하려는 세력들의 등장, 위정척사(衛正斥邪)[9]운동에 매달린 시대착오적 유생(儒生)들의 발호로 자주독립국가로 도약할 기회를 잃고 일본의 식민지로 전락하고 말았다.

결국 조선은 자주독립된 국가로서의 준비와 내실을 갖출 8년간의 황금 같은 기회를 놓치고 총 한 방 쏘지 못한 채 나라를 송두리째 일본 군국주의 세력에게 넘겨주었다. 이승만 박사가 해방 후 지적한 대

---

9) 위정척사운동은 오직 중국 문명과 제도만을 국가 대통 유지의 정통사상으로 받들면서 서양을 배척하자는 조선 유생들의 사대모화사상(事大慕華思想)을 말한다.

로 "2000만 조선 민중이 친일(親日)하지 않고는 살 수 없는 나라"를 조선 국왕이 만들어 버렸다. 온 백성들을 너나없이 친일로부터 자유로울 수 없게 만들었던 것이다.

5) 대한제국의 국기(國旗)와 국가(國歌) 제정

대한제국은 그 짧은 존속에도 불구하고 국가로서 승인을 받기 위한 외교의전상의 필요에 따라 국가의 대외적 상징물로서 국기(國旗)와 국가(國歌)만은 서둘러 만들었다.

국기(國旗)의 제정

1882년 5월 22일, 제물포에서 맺은 조미수호통상조약 조인식 때 미국 성조기와 조선의 국기가 걸렸었다는 기록이 있다. 당시 미국측 전권대사였던 해군제독 로버트 슈펠트가 김홍집에게 조선이 독립국으로서 독자적인 국기를 걸 것을 요구하자 김홍집의 지시를 받은 역관 이응준(1832~?)이 미 군함 스와타라 안에서 만들었다고 한다. 이 최초의 국기는 워싱턴 국회도서관 소장 '슈펠트 문서 박스'에서 발견된 그림과 1882년 7월 미국 해군부가 발간한 《해양국가들의 깃발(Flags of Maritime Nations)》에 실린 그림이 태극과 4괘로 이루어진 동일한 도안임으로 확인되었다.[10] 그해 8~9월, 제3차 일본에 수신사로

간 박영효와 일행이 태극4괘기를 고베(神戶) 숙사에서 국기로 사용하고, 이 사실을 조정에 보고하였다. 조선 조정은 태극4괘기를 받아들이면서 4괘는 정조의 〈선천변위후천도(先天變爲後天圖)〉의 중심축의 4괘를 택하여 건곤감리(乾坤坎離)의 4괘를 넣은 태극기를 1883년 1월 국기로 제정 공포하였다.

그러나 국가(國歌) 제정은 다소 신중하게 접근, 당시 군제를 개편하면서 신식군대의 군악대를 만들고 군악대를 지휘할 프러시아인 프란츠 에커트(Franz Eckert)를 초빙하였는데 그에게 국가 작곡을 의뢰하였다. 그가 작곡한 국가가 대한제국 애국가로서 〈신이여 국왕을 지켜주소서〉라는 영국 국가를 본떠 만든 것이다. 오늘날 한국 찬송가 70장의 선율과 거의 같다. 그러나 이 국가는 의전용(儀典用)으로 사용되었을 뿐 국민들에게 거의 알려지지 않았고, 대한제국의 패망과 함께 잊혀졌다.[11]

프랑스의 3색기는 프랑스혁명 당시 혁명 군중들이 이마에 두른 수건의 색깔이었고, 국가는 혁명군중이 불렀던 라 마르세이예즈(La Marseillaise)였다. 혁명 프랑스의 냄새가 물씬 묻어나는 깃발이요, 노래였다. 그러나 대한제국에는 그러한 국가, 국기를 만들 정신적·문화

10) 이전까지 태극기를 만든 사람은 1882년 특명전권대신 겸 수신사로 일본에 파견된 박영효가 9월 25일 메이지미루(明治丸) 선상에서 만든 것으로 알려졌으나, 최근의 연구에 의해 그에 앞서 이응준이 만들었음이 확인되었다. 유석재 기자, "태극기를 만든 사람은 친일파가 아니었다", 조선일보, 2022년 5월 17일자.
11) 이지선, "애국가 형성과정 연구", 〈서울대학교 외교학과 석사학위 논문〉 2007년 2월, p.53 참조.

적 · 민중적 기반이 없었다. 결국 대한제국은 형식상으로는 국가의 외관을 갖추었지만 본질은 조선왕조의 연장에 불과했으며, 국기나 국가도 국민적 공감에 기초한 상징성보다는 외교적 의전 형식에 걸맞도록 서둘러 만들었던 것이다.

6) 대한제국의 종말

대한제국은 일본에 합병됨으로써 헌법적으로 소멸하였다. 이는 이성계의 역성혁명과 화이체제를 등에 업고 형성되어 온 군주주권의 소멸을 의미한다. 영토와 인민은 있지만 군주의 통치권이 소멸했다.

조선 민중은 국왕이 국가주권을 일본에 바치는 배신 앞에서 넋을 잃었다. 일본의 식민지 백성이 되기를 거부하는 사람들은 망명길에 오르거나 독립운동에 나섰다. 그러나 국왕과 당시 지배 엘리트들의 배신에 좌절한 민중들은 3 · 1운동이 있기까지의 10년 동안에는 일본을 상대로 변변한 저항운동을 일으킬 의욕마저 상실한 채 삶을 이어가는 형편이었다.

2. 대한민국 임시정부의 수립

1) 선각자들의 등장과 독립운동

바로 이러한 참담한 시기에도 뜻 있는 선각자들이 나타나서 민족독
립운동에 점화하는 움직임이 강렬하게 솟구쳐 올랐다.

수많은 선각자 중에서도 일본 명치대학에서 법학과 국가이론을 전
공한 조소앙(趙素昻)은 조선 국왕이 국가 주권을 일본 황제에게 넘긴
바로 그 순간부터 조선의 "주권은 자연히 인민의 주권이 되었다"(융희
황제가 자기의 군주로서의 주권을 일본이 아닌 동족인 인민에게 양위했다는
주권양위설을 내세움)고 선언하였다.[12]

나라를 잃은 당시의 상황에서 국가를 되찾겠다는 논리로 인민주권
론을 내세운 것은 탁견이었다. 그러나 이 경우의 인민주권은 국가적

---

12) 조소앙(趙素昻), 1917년 7월 상해에서 발표된 대동단결의 선언 중 "융희황제가
삼보(三寶: 토지와 국민과 정치)를 포기한 8월 29일은 바로 우리 동지가 삼보를 계승한
8월 29일이니 ─제권(帝權) 소멸의 시기가 곧 민권 발생의 시기요, 舊韓 최후의 1일
은 新韓 최초의 1일"이라고 기술, 대한민국 임시정부론의 법리를 밝혔다.(三均主義硏
究論集 제36집, 삼균학회간, 2013년 2월 10일, p.26 인용)

1920년 9월 유럽 시찰중 영국을 방문한 조소앙

독립을 성취할 때까지는 '법적으로 잠들어 있는(Legally dorment)' 상태이지만, 식민지에서 해방됨과 동시에 되살아난다는 논리다. 당시 임시정부가 복벽(復辟) 논리를 따르는 '대한제국 임시정부'가 아닌 '대한민국 임시정부'로 호칭한 것은 바로 이러한 주장과 법리에 기반하고 있다.[13]

앞에서 본 바 조선은 대한제국으로 명칭만 바꾸었을 뿐 입헌정치나 공화제처럼 국가의 통치규범을 바꾸지 못한 전제군주국 그대로였다. 그러나 대한제국이 남긴 한 가지 공헌이 있다면 미국을 비롯한 선진제국들과 주변국가로서 중국과 일본이 대한제국을 독립주권국가로 승인하게 했다는 사실이다. 이로써 대한제국이 장악했던 영토는 국제법의 정신에 비추어 앞으로 탄생할 남북한을 총괄할 국가(Gesamt Staat)의 영토로 인정받을 수 있게 되었다. 바꾸어 말하면 통일한국의 공인된 영토로서의 법적 토대를 구축하는 데 기여한 셈이다.[14]

---

13) 국제법상의 사기, 강박에 의한 조약의 원천무효론은 1932년 미국무장관 Stimson Doctrine 발표를 기점으로 하는데, 1910년 제1차 세계대전 이전에 이루어진 한일합병조약도 과연 원천무효일 수 있는가를 놓고 논쟁이 있지만 독일의 Verdross나 스위스의 Gugenheim 교수는 강박(强迫)에 의한 조약의 원천무효를 징한 로마법 정신에 비추어 한일합병조약도 원천무효라고 한다.(金俊熙, 〈분단국가에 적용되는 국제법의 일반이론〉(국토통일원 자료집, 1973년) 참조)
14) 한반도 통일의 원천국가 내지 총괄국가(Gesamt Staat)의 존재를 확인한 것이다.(김준희, 앞의 글)

2) 상해에 대한민국 임시정부 수립

한일합병으로 대한제국이 사라지면서 나라를 일본으로부터 되찾자는 복국(復國)운동, 독립운동이 조선 전란(戰亂)시의 의병운동처럼 도처에서 궐기하였다.

특히 3·1독립운동이 기폭제가 되어 전국 각도를 대표한 인사들이 모여 세운 한성 임시정부를 비롯하여 연해주 임시정부 등 4개의 임시정부가 세워졌지만, 최종적으로는 독립운동가들 간의 대화와 협의를 통해 1919년 중국의 상해에 한성 임시정부를 모태로 통일된 대한민국 임시정부가 세워졌다. 한성 임시정부가 모태가 된 것은 다른 임시정부들이 국지적이었던 데 비해 한반도 전역의 각도 대표들이 모여 세웠기 때문이다. 이 사실은 UP를 통해 전 세계에 알려졌다. 당시 이승만은 1919년 한성 임시정부에서 대통령으로 추대되었다.

앞에서도 지적했거니와 상해에 수립된 임시정부가 명칭을 '대한제국 임시정부'로 하지 않고 '대한민국 임시정부'로 정한 것은 대한제국의 소멸로 군주주권은 소멸했고, 주권이 인민에게로 옮아왔다는 인민주권론 위에 섰기 때문이다. 특히 임정 요인들은 일본과 조선 간에 체결된 합병조약은 그것이 군사적 강점하에서 강박으로 맺어졌기 때문에 '원천무효(Originally null and void)'라는 국제법의 조리를 강조했다.

해방 후 한일국교정상화협상에서도 이승만이 원천무효를 강력히 주장, 국교정상화가 이루어지지 못했는데, 박정희 정권은 원천무효 대신 '이미 무효(Already Null and Void)설'을 수용, 협상을 타결하였다.

그러나 원천무효설에 입각한 정상화가 아니었기 때문에 대일배상권은 사실상 포기하는 결과를 초래하였다. 이 때문에 대일 굴욕외교 반대투쟁이 벌어졌던 것이다. 임시정부 수립 당시 선각자들이 입각했던 법리의 강고함을 다시금 되새기게 해준다.

임시정부 주역들이 군주주권의 소멸과 동시에 군주의 권한이 바로 인민에게 양위된다는 인민주권론을 법리로 내세워 독립운동 지도부로서의 임시정부 명칭을 정한 것은 대한민국이 민주국가로 탄생할 역사적 단초를 만든 점에서 높이 평가할 만하다.

임시정부의 출범과 동시에 대한민국 임시정부의 초대 대통령은 한성 임시정부에서 대통령으로 옹립되었던 이승만이 추대되었고, 고려 공산당 당수 이동휘(李東輝)가 국무총리를 맡는 등 임정내각이 구성되면서 새 정부가 출범하였다.

대한민국 임시정부는 1919년부터 1945년 8월 15일 일본이 항복할 때까지 중국의 상해로부터 중국 내의 다른 6개 지역으로 정부의 거점을 옮겨가면서 투쟁하였고, 장제스(蔣介石) 정부가 일본군에 쫓겨 최후의 보루로 방어망을 친 충칭(重慶)까지 밀려가 버티다가 일본의 항복을 맞게 되었다.

3) 임시정부, 애국가를 국가로 지정

현재 우리가 국가에 준하여 부르는 애국가는 대한민국 임시정부의

1921년 11월 이승만과 워싱턴회의 한국대표단. 왼쪽부터 시계 방향으로
이승만, 서재필, 정한경, 미국인 법률고문 돌프, 비서 메이본.

김구 주석이 임정(臨政) 국무회의를 통하여 공식적으로 승인한 것이다.

당초 이 노래는 스코틀랜드의 민요 〈올드 랭 사인(Auld lang Sign)〉에 한국의 가사를 붙여 '노가바(노래에 가사를 붙여 부르는)' 형식으로 불리던 것인데, 1896년 11월 21일 세워진 독립문 정초식에서 배재학당을 비롯한 신식학교 학생들이 다수 참석하여 애국가로 불렀다는 것이다. 이때 불린 애국가의 가사나 곡조가 제대로 알려지지는 않았지만 애국가 연구가들의 대다수는 후에 윤치호(尹致昊) 작사로 알려진 애국가 가사가 '노가바' 형식으로 불렸다고 본다. 이 곡은 현재 찬송가 280장(천부여 의지 없어서)에서 재현되고 있다.

〈올드 랭 사인〉에 노가바된 애국가는 3·1운동 당시에는 만세운동 대열에 참가한 각계각층의 국내외 동포들이 열렬히 합창하였기 때문에 민중 속에 널리 퍼졌으며, 임시정부가 안익태의 애국가를 지정·승인하기 이전까지는 그 자체가 곧 애국가로 통용되었다. 이에 안익태의 애국가가 등장한 배경을 간단히 살펴본다.[15]

음악가 안익태의 애국가 작곡

음악가 안익태(安益泰, 1906~1965)는 일제강점기에 평양에서 초등학교와 숭실중학교를 다니던 중 1919년 3·1운동에 연루된 애국인사 석방운동을 벌이다가 퇴교당하고, 1920년 선교사의 도움으로 서양악기인 첼로 음악을 전공하기 위해 일본 유학의 길에 올랐다. 동경유학을 마친 안익태는 서양음악을 제대로 배우기 위해 미국으로 유학했는

---

15) 이지선, 앞의 글, p.25.

데, 샌프란시스코에 도착한 후 한인교회에 나갔다가 거기서 처음으로 〈올드 랭 사인 애국가〉를 들었다.

그는 노래 선율을 들은 후 역사를 가진 민족의 애국가가 외국의 술집이나 남녀가 이별할 때 부르는 처량한 민요곡에 맞춰 불리는 것을 민족의 수치로 생각하고, 자기가 서양음악의 표준에 맞춰서 제대로 된 애국가를 기필코 작곡하겠노라고 결심했다.

그는 작곡에 힘을 기울여 1935년 11월 작곡을 마치고, 한인교회 주관으로 애국가 발표회를 가졌다. 이후 재북미 시카고 대한인회(大韓人會)가 안익태의 애국가를 북미 동포사회에 보급하기 시작했다. 안익태는 애국가 작곡과 발표회를 마친 후, 자기가 평소에 꿈꿨던 서양음악의 본바탕인 유럽의 빈(Wien)으로 활동무대를 옮겼다.[16]

조선 애국가와 한국 애국가

그가 유럽으로 떠난 후 재북미대한인회집행위원회는 안익태의 애국가를 대한민국 임시정부에 품청하여 사용 허가를 받기로 결정하고, 안익태 작곡의 악보 가사를 인쇄하여 중경(重慶) 임시정부로 보냈다.

김구(金九) 주석은 서양음악을 전공한 대한의 애국청년이 애국가를 작곡해서 북미 동포들에게 알리고 있다는 사실에 감격, 1941년 1월 임시정부에서 안익태의 애국가 사용을 허가하고 이를 임시정부 공보

---

16) 김형석, 《안익태의 극일 스토리》, 교음사, 2019년, pp.63~72.

(제69호)에 발표했다.

이때 김구 주석은 〈올드 랭 사인 애국가〉를 〈조선 애국가〉로, 안익태의 애국가를 〈한국 애국가〉로 칭하면서 자기의 초상이 든 〈한국 애국가〉 악보를 인쇄, 중국에 산재하는 독립운동 진영에 배포하는 한편 광복군들에게도 가르치게 하였다. 이후 임시정부 의전행사에서도 〈한국 애국가〉를 불렀다. 이 애국가가 바로 지금 대한민국에서, 각급 국가 의전행사에서 국가에 준하여 불리고 있다.[17]

4) 한국 독립운동의 유형

그간 임시정부가 독립운동 지도부로 발족한 이후 대체로 다음 세 가지 유형의 독립운동이 전개되었다. 이승만이 구미(歐美)위원부(대한민국 임시정부 미주본부)를 중심으로 줄기차게 벌여 온 외교투쟁, 김좌진 장군 등이 주도한 무장투쟁, 김구 선생 등이 주도한 의혈투쟁(義血鬪爭)이 그것이다.

이 당시 이승만은 일본군을 무력으로 싸워 독립을 쟁취한다는 것은 사실상 불가능하기 때문에 국제정세의 변화를 주목하면서 독립의 기회를 찾는 외교투쟁만이 성공할 수 있는 길임을 역설하면서 미주대륙과 유럽 각국을 대상으로 독립의 필요성을 역설하는 외교투쟁에 열정

---

17) 이영일, "제헌국회와 안익태의 애국가 문제"(월간 憲政, 2021년 5월호), pp. 76~81.

을 바쳤다.

그는 1941년 《Japan Inside Out》라는 책을 저술, 일본의 미국 침략을 예견했다가 적중함으로 해서 미국 내에서 베스트셀러의 반열에 올랐다. 특히 한국을 사랑한 펄 벅(Pearl Buck) 여사가 서평을 써줌으로써 한층 더 각광을 받았으며, 미국 조야에 한국 독립의 필요성을 공감시키는 데 크게 기여하였다.[18] 뿐만 아니라 태평양전쟁 말기에는 미국 심리전 부대와 제휴하여 직접 단파방송을 통해 조선 동포들에게 독립이 가까웠음을 예고하면서 독립운동을 고취하였다.

김좌진(金佐鎭) 장군이 주도한 무장투쟁은 이범석(李範奭) 장군(건국 후 초대 국무총리 역임)과 더불어 청산리 싸움에서 큰 승리를 얻음으로써 무장투쟁을 통한 독립의 불꽃을 올렸지만 열매를 맺을 만큼 강할 수도, 지속될 수도 없는 한계를 안고 있었다.

김구(金九) 선생이 주도했다는 의혈투쟁은 윤봉길(尹奉吉) 의사나 이봉창(李奉昌) 의사 등이 생명을 걸고 일본 요인들을 제거하는 테러활동으로 독립을 바라는 한국인들의 기개를 주변국들에 알리는 훌륭한 수단이었다. 윤봉길 의사가 상해 홍구공원(虹口公園)에서 상해를 점령한 일본군 시라가와(白川) 사령관을 필두로 중국 침략의 원흉들이 참가한 전승행사를 폭탄으로 박살낸 사건은 한국의 독립운동에 대한 국

---

18) 카이로선언에서 미국이 한국의 독립 조항을 신설하게 된 배경 가운데 이승만의 《Japan Inside Out》이 기여했을 것으로 보는 설도 있다. 혹자는 김구가 장제스(蔣介石)에게 건의해서 카이로선언의 한국 조항이 나왔다는 주장도 있지만, 카이로선언에 관한 의사록의 어느 부분에도 그것을 뒷받침할 만한 증거는 전무하다.

影撮念紀同一員議院政議屆四十三第國民韓大

좌우 합작을 이룬 제34차 대한민국 임시의정원 기념사진

제사회의 이목을 끈 장거였다. 중국국민당 정권의 장제스 총통은 중국군 100만이 할 일을 조선의 의혈청년 한 사람이 감당했다고 극찬하고, 그후부터 중국 대륙에서 투쟁하는 조선인 항일투쟁을 재평가하고 적극 지원에 나섰다고 한다.[19]

이런 세 가지 형태의 독립운동이 대한민국 임시정부와의 연계 속에서 30여 년 동안 줄기차게 전개되었고, 태평양전쟁이 발발했을 때는 임시정부가 광복군사령부를 설치, 광복군을 양성하는 한편 1941년

───────────

19) 김학준, 《매헌 윤봉길 의사 평전》, 동아일보사, 2022년, pp.280~301.

12월 9일에는 중국과 더불어 대일 선전포고를 하였다. 그러나 임시정부의 선전포고가 국제사회에서 유효한 선전포고로 평가받기에는 그 존재와 힘이 너무 미약했다.

5) 임시정부에 대한 국제사회의 승인 추구

당시 대한민국 임시정부는 국제사회로부터 정부 승인을 받기 위해 다각적으로 노력을 전개했지만 실패하였다.

이승만은 미국 정부를 상대로 정부 승인을 받기 위해 노력했으나 "한 치의 영토도 없이 애국지사 몇몇이 모여 만든 임시정부는 국민의 지지가 뒷받침되어 있지 않기 때문에 정부로서 승인할 수 없다"는 미국 정부의 주장과 논리를 극복하는 데 실패하였다.[20] 중국에서 임시정부를 지원해 주고 있던 장제스의 중국 정부도 승인을 끝까지 피했다.

중국의 경우 손문의 아들인 입법원장 순커(孫科)가 대한민국 임시정부 승인을 강력히 요구하였으며, 중한(中韓)문화협회를 만들어 임시정부를 지원하기도 했다. 그러나 장제스 정부는 한국의 독립운동단체가 임시정부 이외에도 임시정부에 못지않은 규모의 크기를 가진 다른 독립운동단체가 여러 개 있다면서 단일화할 것을 요구하며 승인을 보

---

20) 미국이 소련의 참전을 끌어내기 위하여 일부러 임시정부를 무시했다는 설도 있다. 김원, 《젊은 대한민국사건국》, 백년동안, 2015년, p.289.

류하였다. 이에 임시정부 주석인 김구와 조선의용군 사령관인 김원봉(金元鳳)이 담판하여 임시정부 기치 아래 중국에 있는 독립운동단체들이 하나로 뭉치기로 합의, 사실상 통합을 완료한 후 정부 승인을 요구했지만 이때에는 연합국들을 의식하여 승인을 미루다가 8·15해방을 맞게 되었다.

결국 대한민국 임시정부는 어느 나라로부터도 정부로서 승인을 받지 못했다. 또 광복군을 편성했지만 의욕만큼 역량이 미치지 못하여 자력으로 일본군과의 싸움에 나서지 못했다. 결국 민족의 해방은 미군과 소련군이 한반도를 군사적으로 점령, 주둔 일본군으로부터 항복을 받음으로써 이루어졌다. 자력이 아닌 타력에 의한 해방이었고, 그것의 결과로 점령군에 의한 군정이 실시된 것이다.

미국과 소련의 군정은 국제사회의 어느 정부로부터도 정부 승인을 받지 못한 임시정부의 권위와 권능을 인정치 않았다. 이 때문에 군정 당국은 임시정부나 다른 독립운동단체를 동일하게 취급하였고, 임시정부 요인들에게 아무런 특전도 부여치 않았다. 결국 임시정부 요인들도 임시정부 요인 자격이 아닌 개인 자격으로 중국에서 귀국하여야 했다.[21]

---

21) 중국의 장제스(蔣介石) 정부도 손문 선생의 아들인 순커(孫科) 입법원장의 강력한 건의에도 불구하고 임시정부를 승인하지 않았고, 이승만도 미국에서 임시정부 승인 운동을 전개했지만, 인민의 지지 없는 개인들 단체로서의 임시정부를 승인하지 않는 것이 미국의 외교 원칙임을 내세워 거부했다.(石源華, 《韓中文化協會硏究》, 한중문화협회 간행, 2012년 참조) 결국 해방과 함께 대한민국 임시정부는 사라졌다. 대한민국 헌법 전문에만 그 존재와 의의·이념이 반영되어 있을 뿐이다.

6) 한국의 독립과 카이로선언[22]

한국이 일본의 식민지에서 벗어나 오늘날 독립국가를 만들게 된 것은 불행히도 한국인이 자주적으로 주도한 무장투쟁이나 의혈투쟁의 직접적인 결과가 아니었다. 외교를 통한 독립투쟁이 보다 실효적이라고 주창한 이승만이 예측한 대로 해방은 우리의 힘이 아닌 연합국이 일본 군국주의를 패망시킨 결과였다. 결국 한반도를 군사적으로 점령한 미소 양국 군사령관들이 한반도 주둔 일본군들을 무장해제시키고 항복을 받아낸 것이다.

우리 민족의 꿈은 자주적 해방, 자주적 독립이었지만 실제로 해방과 독립이 이루어지는 과정은 일련의 국제정치 과정을 통해서 진행되었다. 결국 1948년 5월 10일 유엔 감시하에 실시된 총선거를 통해서 한국은 비로소 자유로운 독립국가의 반열에 오르게 되었는데, 이것도 모름지기 국제정치의 산물이었다고 할 수 있을 것이다.

스탈린 대신에 장제스가 참석

카이로선언은 우리나라를 일본제국주의자들의 손아귀에서 벗어나게 만드는 최초의 국제정치적 사건이었다. 제2차 세계대전이 연합국

---

22) 카이로선언 부분은 정일화, 대한민국 독립의 문 《카이로선언》(선한약속, 2015년)에 담긴 내용을 그대로 반영하였다. 카이로선언에 관한 한 정일화 박사의 저서가 가히 독보적이기 때문이다.

측의 승리로 전세가 기울어져 가던 1943년 11월 22일 카이로의 고급 주택가 메나(Mena) 지역에 프랭클린 루스벨트 미국 대통령, 윈스턴 처칠 영국 수상, 장제스 중국 총통이 5박 6일간의 예정으로 그들의 군사참모들을 이끌고 회담 장소로 모였다. 제2차 세계대전을 신속히 종결지을 전략을 결정하고 전후 처리의 방향을 논의하기 위한 군사회담이었다.

당초 계획은 장제스 대신에 스탈린이 초청되었지만 '독일과의 전쟁이 한창인 때 소련을 떠날 수 없다'는 구실로 불참했다. 장제스가 스탈린의 빈자리를 메우려 참석했고, 이 때문에 아시아의 전후 처리 문제도 화두에 오를 수 있게 되었다. 장제스의 중국 군대는 일본군과의 전쟁에서 연전연패했기 때문에 전쟁지도자로서 장제스는 강대국 정상급 회담에 참석할 명분이 약했지만, 루스벨트 대통령은 중국이 일본에 항복하지 않고 항전을 계속함으로써 수많은 일본 군대가 중국에 묶여 있다는 사실만으로도 미국의 태평양전쟁에는 큰 도움을 주고 있다고 평가했던 것이다.

그렇지만 우리가 여기서 주목해야 할 것은 당시 카이로회담의 큰 맥락에서 볼 때 한국 문제는 전혀 거론될 소지가 없었다는 점이다.

카이로에서 다룰 영토 문제는 적어도 제2차 세계대전의 결과로 상실된 영토나 좀 더 길게 보아 제1차 세계대전 이후의 상황에서 변경된 영토 문제라면 그나마 논의의 소지가 다소 있었겠지만 제1차 세계대전도 일어나기 전인 1910년에 일본에 합병된 한국 문제는 아예 논의 대상에 포함될 수가 없었다.

카이로회담. 장제스 중국 총통, 프랭클린 루스벨트 미국 대통령, 윈스턴 처칠 영국 수상

국가 정상(頂上)들이 참가하는 국제회의에서는 의제준비위나 초안 준비위가 먼저 구성되어 논의할 안건을 미리 결정하는 것이 관행이다. 그렇게 관행대로 진행되었다면 한국 문제는 포함되지 않을 확률이 높았다. 그러나 카이로회담은 예외였다.

미국이 무기대여법을 통해 영국·소련·중국에 무기를 지원해 주고, 미국의 지원으로 전쟁을 수행하고 있었기 때문에 카이로회담은 미국의 의사가 다른 나라 의사를 압도하는 형국이었다. 특히 루스벨트를 밀착수행하고 있는 해리 홉킨스(Harry Lloyd Hopkins) 보좌관은 미국의 무기대여법을 통해서 처칠·장제스·스탈린과 개인적으로 친밀한 유대를 가졌을 뿐만 아니라, 이들 지도자들을 미국의 강한 우방으로 결속시켜 온 참모였기 때문에 다소간의 견해 차이가 있더라도 다른 나라들은 미국에 맞서기는 쉽지 않은 상황이었다.

카이로선언에 포함된 한국 조항

카이로선언은 그렇게 개최부터 끝맺을 때까지 사실상 미국의 주도로 진행되었기 때문에 회담을 마무리하는 공동성명 작성도 그 책임이 미국 대통령 보좌관에게 맡겨졌다. 5일간 계속된 전체회의와 분과별 회담, 루스벨트 대통령과 다른 정상 간의 회담에 배석한 홉킨스 보좌관은 공동성명 초안을 작성하면서 다음과 같은 내용의 아시아 조항 가운데에 한국 문제를 포함시켰다.[23]

홉킨스 보좌관 초안

"우리는 일본이 본래 군사화하지 않겠다고 확실히 약속했으나 대부분 군사기지로 이용하고 있는 태평양 지역의 점유도서들을 영원히 압수하기로 결의하였다. 그리고 일본이 중국으로부터 딴마음을 품고 도적질한 만주·대만 등은 당연히 중국에 반환될 것이다. 우리는 일본이 신의를 어기고 한국인을 노예화했음에 유의, 일본 패망 후 가능한 가장 빠른 순간에 자유롭고 독립된 국가가 되도록 할 것을 결의하였다. (We are mind of treacherous enslavement of the People of Korea by Japan and are determined that country, at the earliest possible moment after the downfall of Japan, shall become a free and independent country.)"

이 초안을 보고받은 후 루스벨트 대통령은 아래와 같이 수정 의견을 냈다.

루스벨트 대통령 수정안

루스벨트 대통령은 홉킨스 초안에 대체로 동의했지만 홉킨스가 한국 조항을 중국의 영토회복 조항에 연이어 기술한 것을 수정, 줄을 바꾸어 별도로 표시하면서 일본의 패망 후 '가능한 가장 빠른 순간에 자유, 독립시킬 것을 결의했다'로 고쳤다. 옮겨 쓰면 다음과 같다.

───────────────

23) 카이로선언의 기록문들 가운데 장제스 중국 총통이 한국의 독립을 주장했다는 기록은 없다. 미국측이 마련한 카이로선언 초안을 영국보다 앞서 루스벨트 대통령이 장제스 총통에게 보여주면서 가족들이 모인 비공식 양자회담(쑹미링 장제스 부인과 루스벨트 대통령 아들 및 해리 홉킨스 보좌간)을 가졌는데 그 자리에서 한국의 독립 필요성에 장제스가 동의했다는 전언이 있고, 또 다른 기록은 루스벨트가 11월 24일 군사전략회담에서 한국 해방에 중국이 관여할 의향을 비쳤다는 기록이 있다. 이때 미국은 동의하지 않았다고 정일화 박사는 그의 저서에서 밝히고 있다.(앞의 책, pp.71~74) 그러나 이승만 박사는 도왜실기(屠倭實記-1946년 국내판, 엄항섭편)에 기록한 서문에서 "한국 해방의 단서가 된 카이로선언에서 장제스 주석이 한국의 자주독립을 주장하여 연합국의 동의를 얻었다는 사실 역시 그 원인이 윤봉길의 장거에 있음을 잊어서는 안 된다"고 쓰고 있다. 그러나 이 당시 이승만은 미국 정부의 카이로선언에 관한 공식기록이 발표되지 않았기 때문에 확인하지 않았을 것이고, '도왜실기' 저자인 김구와 장총통을 정치적으로 배려한 언동으로 보인다.(장제스 총통의 역할에 관해서는 김학준의 《매헌 윤봉길 평전》, 동아일보, 2022년, pp.419~474 참조)

"우리는 일본이 본래 군사화하지 않겠다고 확실하게 약속했으나 대부분 군사기지로 이용하고 있는 태평양 지역의 점유도서들을 영구히 압수하기로 결의하였다. 일본이 중국으로부터 딴마음을 먹고 빼앗은 만주·대만 등은 당연히 중화민국에 반환될 것이다.

우리는 일본이 신의를 어기고 한국인을 노예화했음에 유의, 일본 패망 후 한국을 '적절한 순간에' 자유롭고 독립된 나라로 만들 것을 결의하였다. (We are mindful of the treacherous enslavement of the people of Korea by Japan, and are determined that country, at the proper moment after the downfall of Japan, shall become a free and independent country.)"

두 안의 종합

홉긴스 보좌관은 루스벨트 수정안을 재정리하면서 중국 조항과 한국 조항을 별항(別項)으로 분리, 표시하면서 새로운 연결 문구로 "일본이 폭력과 탐욕으로 취한 모든 점령 영토는 일본의 손아귀에서 해방될 것이다"를 추가했다. 이 문장을 추가한 이유는 구체적으로 밝혀지지는 않았지만 '강제합병은 원천 무효'라는 국제법의 원칙이 '1932년 스팀슨독트린' 이후에 성립되었다는 통설에 비추어 1910년에 이루어진 한일합병에 대한 국제정치적 시비를 잠재우기 위한 표현이 아닌가 하는 유추도 가능하다.

영국의 추가와 수정

카이로선언 미국식 초안을 중국보다 뒤늦게 받은 영국은 미국식 초안을 검토하고 몇 가지 문제를 제기했지만 한국 문제를 크게 바꾸는 것은 아니었다. 다만 윈스턴 처칠은 오랫동안 많은 식민지를 관리해 온 경험을 토대로 큰 맥락은 손대지 않으면서도 한국 문제에 관해 자구수정(字句修正)을 가했다.

즉 홉킨스의 '가능한 가장 빠른 순간에 한국을 자유, 독립국가로 만들자'는 표현에 대해 루스벨트는 '적절한 순간(at the proper moment)'로 바꾸었지만, 처칠은 이를 '적당한 절차를 밟아(in due course)'로 고쳤다. 또 '우리들은 합의했다'는 표현도 '우리(We)' 대신에 '위에 언급된 3대강국(The aforesaid Three Powers)'으로 바꾸었다.

카이로회담에 불참했던 스탈린은 카이로 1차회담이 끝난 직후에 테헤란에서 장제스 없이 열린 루스벨트·처칠과의 회담에는 참석하였다.

이 자리에서 스탈린도 미국 주도로 만들어진 카이로선언에 별도의 이의를 달지 않고 동의했다. 만일 스탈린이 처음부터 참석했더라면 한국 조항이 미국 의사대로 합의되지 않을 수도 있었다. 당시 소련은 나치독일과 유럽전선에서 혈전을 벌이고 있는 판에 시베리아가 일본 공격 앞에 놓이는 곤경을 피하기 위해 일본과는 1941년부터 불가침 조약을 맺고 있던 터였다. 이런 부담 때문에 스탈린은 장제스와 동석하기를 꺼렸고, 한국 문제나 중국 문제에서 일본과 맞서기를 달가워 하지 않는 입장이었다.

카이로선언으로 독립의 기회가 오다

카이로선언의 한국 독립조항은 겉에 나타난 대로만 본다면 누가 로비를 했다던가, 누가 지시했다는 명확한 근거는 없다. 분명한 것은 미국 루스벨트 대통령의 해리 홉킨스 보좌관이 한국 조항을 카이로 코뮤니케에 일부러 포함시킴으로써 한국민들에게 국권 회복의 기쁨을 가져올 국제정치상의 합의를 이끌어낸 것이다.

결국 미국·영국·중국 등 3국 정상들이 합의했고, 뒤이어 테헤란

포츠담회담. 왼쪽부터 영국의 처칠, 미국의 트루먼, 소련의 스탈린

에서 열린 미·영·소 3국회담에서 소련의 스탈린도 동의함으로써 당
초의 '카이로 코뮈니케'가 최종적으로는 '카이로선언'으로 격상되면
서 국제적 합의로 굳혀졌다.

이 선언이 발표된 지 2년 후 1945년 2월 얄타에서 미·영·소 3국
정상이 회담을 열고, 제2차 세계대전 이후의 전후 처리 문제를 논의하
면서 한국에 독립을 부여하는 절차 속에 신탁통치 실시를 포함시켰다.

이어 1945년 7월 독일의 포츠담에서 미·영·중 3국 정상으로 트
루먼 미국 대통령(사망한 루스벨트 후임), 처칠 영국 수상, 장제스 중국
총통(전문으로 동의)들이 일본에게 무조건 항복을 요구하는 최후통첩

1945년 2월의 얄타회담 주역들.
왼쪽부터 영국의 윈스턴 처칠, 미국의 프랭클린 루스벨트, 소련의 이오시프 스탈린

을 보냈다. 포츠담선언으로 알려진 이 문서 제8조는 "카이로선언의 요구 조건들은 이행될 것이며 일본의 주권은 혼슈와 홋카이도, 규슈와 시코쿠, 그리고 우리가 결정하는 부속도로서 제한될 것이다"고 못 박아 한국의 독립을 확인하였다.

이어 1945년 12월에 열린 미·영·소 3국 외상회담은 한반도에 임시민주정부를 수립하고 미소공동위원회를 개최, 미·영·중·소 4개국에 의한 최소 5년을 기한으로 신탁통치를 실시할 것을 합의하였다.

그러나 한반도는 카이로선언으로 통일된 독립국가로 재탄생할 기회를 얻었지만 이 목표는 강대국들간의 이해 대립으로 달성되지 못하고, 두 개의 분단국으로 갈라지게 되었다. 자력 해방이 아닌 데서 비롯된 불행이었다.

소련의 참전과 분단사태 초래

이렇게 된 것은 미국의 동북아시아 군사정세에 대한 판단착오와 소련의 야욕 때문이었다. 미국의 루스벨트 대통령은 일본의 관동군 역량을 지나치게 과대평가하면서 1943년 테헤란회담으로부터 얄타회담에 이르기까지 소련으로 하여금 일본과의 불가침조약을 깨고 대일전(對日戰)에 참가할 것을 강력히 종용하였다. 스탈린은 독일이 항복한 후 참전하겠다고 약속했다가 일본이 포츠담선언을 수락치 않자 미국이 단행한 원자폭탄 투하로 일본이 항복할 상황에 이르러서야 비로소 일본과의 불가침조약을 깨고 대일전에 참전하였다.

일본 항복 1주일을 남기고 대일전에 참전한 소련은 만주와 한반도 북부를 무혈진격하면서 맥아더(Douglas MacArthur) 사령부가 요구한 일반 명령을 수용, 북위 38도선 이북의 한반도 지역을 점령하였다. 소련의 참전이 궁극적으로는 마침내 한반도 분단의 원인이 되고 말았다.

카이로선언의 의의

미국이 카이로회담에 장제스(蔣介石) 중국 총통을 스탈린 대신에 참석시킨 것은 제2차 세계대전의 전후 처리 구상에 미국이 당사국인 태평양전쟁을 중시했기 때문이다. 영국이나 소련은 아시아보다는 나치와 싸우는 유럽에 큰 비중을 두고 있었지만, 미국은 유럽과 아시아의 양면에서 전쟁을 진행하는 나라였기 때문에 전후 처리 구상이 영국과는 사뭇 달랐다.

영국은 전후 질서를 영국이 주도하는 평화(Pax Britanica)의 회복에 목표를 두었겠지만, 미국은 식민지 쟁탈을 벌이는 기존의 세계정치를 새롭게 개혁, 미국이 주도하는 평화의 세계를 그리고 있었다. 특히 루스벨트는 1941년 1월 6일 의회에 보낸 연두교서에서 인간의 자유에서 중요한 네 가지, 즉 '언론의 자유' '신앙의 자유' '결핍으로부터의 자유' '공포로부터의 자유'를 선언하였고, 또 1941년 8월 14일 자유와 민주주의와 평화를 기둥으로 삼는 14조항의 대서양헌장을 채택했으며, 1942년 1월 1일 자유민주주의와 평화의 달성을 선언하는 대연합선언을 채택했다. 이어 1943년 1월 24일 모로코 제2의 도시 카사

8·15해방을 맞는 한국민들

블랑카에서 처칠과 공동기자회견을 열고 추축국의 무조건 항복을 요
구하면서 약소국의 독립을 이번 전쟁의 목적으로 선언했던 것이다.[24]

이런 의지를 국제정치문서에 공식적으로 표현한 것이 바로 한국 독
립 조항이 포함된 카이로선언이었다. 이런 철학적 취지가 영국의 처
칠을 제외한 중국의 장제스, 소련의 스탈린에게 공유되었을 리는 없
었을 것이다. 이 점에서 카이로선언에 한국 조항을 포함시킨 것은 루
스벨트 대통령과 해리 홉킨스 보좌관의 한국 문제에 대한 깊이 있는
연구나 전략적 고려보다는 전후 세계질서를 그리는 그들의 이상주의
적 고려의 산물로 기억하고 평가해야 할 것이다.[25]

---

24) 김학준, 《매헌 윤봉길 의사 평전》, 동아일보사, 2022년, p.417.
25) 정일화, 앞의 글, p.72.

3. 대한민국의 탄생

한반도는 1945년 8월 일본이 연합국에 패배, 무조건 항복함으로써 1943년의 카이로선언과 이를 공고한 국제적 합의로 확정한 포츠담선언에 따라 일본에서 해방되어 완전한 자주독립국가로 태어날 상황 앞에 놓였다.

그러나 우리의 해방은 파리 시민들이 궐기, 독일군을 몰아내면서 연합국과 더불어 해방시킨 프랑스와 같은 자력 해방이 아닌 타력에 의한 해방이었다. 미국과 소련 연합군의 진공으로 일본군을 무장해제시키고, 일본군으로부터 항복을 받아낸 점령군 주도의 해방이었다.[26]

임시정부가 훈련시킨 광복군의 진격으로 일본군을 몰아냈다면 자력 해방이 되겠지만, 당시 중국의 서안(西安)에서 일본군의 항복 소식을 접한 김구(金九)가 "아까운 기회를 놓쳤다!"고 탄식했던 대로 타력에 의한 해방이었다.

자력 해방이 아닌 한 점령군이 점령지역에서 실시하는 군정을 받아들이지 않을 수 없었다. 여기서 국제관계의 큰 틀에서 일본이 항복에

---

26) 김구, 《백범일지》, 도진순 주해, 돌베개, 2019년, pp.398~399.

이르는 과정을 복기(復碁)해 보자.

종전을 서두르던 루스벨트는 얄타회담(1945년 2월 11일)에서 대일전쟁에 소련이 참전할 것을 촉구했다. 소련은 나치 항복 후 출병을 약속했다.

얄타에서 열린 이 회담에서 루스벨트 대통령은 소련의 스탈린에게 한국의 신탁통치를 제안하면서 미국의 필리핀에서의 경험에 비추어 완전한 독립정부를 구축하려면 5~6년간의 신탁통치가 필요할 것이라고 말했다. 이에 대해 스탈린은 탁치(託治) 기간은 짧으면 짧을수록 좋다면서 미국이 한반도에 군대를 보낼 것인가를 묻자 루스벨트는 그럴 필요성을 느끼지 않는다고 말했다. 미국은 신탁통치안을 실행하는 데 군사점령의 필요성이 없다는 입장이었고, 스탈린도 이에 동의했다고 한다.[27]

일본이 항복한 이후 열린 모스크바3상회의(1945년 12월 16일)에서는 대한민국의 즉각 독립 대신 신탁통치를 실시하기로 원칙적 합의를 했다. 한국의 독립 문제가 미국과 소련의 흥정 대상이 된 것이다. 이로써 미국과 소련의 이해관계를 조정하는 국제관계가 앞으로 대한민국의 건국을 결정하는 중요한 상수로 되어 버렸다.

미국은 주지하는 바와 같이 1945년 8월 6일 히로시마에 원자폭탄을 투하, 8월 15일 히로히토 일본 천황의 항복을 받아냄으로써 태평양전쟁을 승리로 이끌었다. 그러나 미국의 전후 동아시아 외교는 스

---

27) 《한국농지개혁사》, 앞의 책, p.301.

탈린만큼 전략적이지 못했다. 제2차 세계대전 후 한반도가 분단되고, 동유럽제국이 소련의 위성국가로 변한 것이 그 실례다.

일본이 포츠담선언을 수락하기 바로 전날(1945년 8월 10일) 대일 선전포고를 하고 참전한 소련은 얄타에서의 미·소 합의에 따르면 신탁통치를 위해서라면 양국은 한반도에 파병할 필요가 없었는데도 불구하고 일본이 사실상 붕괴된 상황에서 소련군이 1945년 8월 12일 청진에 상륙, 38도선 이북의 북한 지역을 점령하였다. 이 바람에 미국도 소련군의 작전 범위를 북위 38도선으로 제한하고, 류큐(오키나와)에 있던 군대를 1945년 9월 8일 인천에 상륙시키게 되었다. 한반도가 38도선을 경계로 하여 미·소 양국 군대의 분할 점령상태로 변하게 된 것이다.[28)]

일본군 무장해제를 명분으로 한반도는 북위 38도선을 사이에 두고 남쪽 지역은 미군이, 북쪽 지역은 소련이 각기 점령한 가운데 군정을 실시하기에 이르렀다. 한반도를 분할 점령한 미국과 소련은 제2차 세계대전을 종식시킨 연합국 정상들의 합의에 따라 일본군 무장해제를 통한 항복 절차를 마치면 한반도를 5년간 신탁통치 후 독립을 부어키로 합의했다. 이때까지만 해도 미·소 양국 군대의 한반도 분할점령은 분할통치가 아닌 말 그대로 점령이었다.[29)]

---

28) 李用熙, 〈38線劃定新攷〉, 《분단 전후의 現代史》, 일월서각, 1983년, pp.220~221.

29) 趙昇淳, 《한국분단사》(Korea In World Politics), 形成社, 1982년, p.52.

1945년 11월 3일, 환국을 앞둔 임시정부 요인들의 기념사진.
맨 앞줄 중앙의 백범 김구 왼쪽이 김규식이다.

1) 연합국 외상회담과 미·소의 갈등

1945년 9월 12일부터 10월 2일 사이에 런던에서 연합국 외상회의가 열렸다. 그러나 이 회담은 미국·영국·소련 간의 의견 대립으로 원만히 끝나지 못하면서 연합국 상호관계가 우호에서 갈등으로 변하기 시작했다. 제2차 세계대전에 참가한 소련의 대가 요구가 서방측의 양보를 얻는 데 실패했기 때문이다.

소련의 동유럽 제국에 우호국가를 세우겠다는 요구(용어는 우호국이지만 사실은 위성국)를 미국과 영국은 수용했지만 지중해로 진출할 항만 요구, 구체적으로는 리비아의 트리폴리타니아항을 소련이 영유하겠다는 요구는 단호히 거부했다. 또 아시아에서도 일본의 점령통치에 소련이 참여하겠다는 집요한 요구도 미국은 허용치 않았다. 이처럼 전후 처리의 디테일에서 소련과 서방측의 이해가 대립하면서 소련의 한반도에 대한 태도는 급변하였다.[30]

당초 소련은 일본이 항복하기 하루 전인 1945년 8월 14일, 맥아더 사령부의 일반 명령대로 한반도의 38도선 이북 지역만 점령하라는 미국의 요구를 흔쾌히 수용했다. 동시에 스탈린은 장제스의 중국 정부와도 협상을 개시, 만주에 대한 소련의 영향력을 확보하는 데 성공했다. 그러나 런던에서 열린 외상회담에서 자신들의 요구가 수용되지 않자 소련공산당은 미국과 서방에 대한 태도를 돌변시켰다. 동시에 한반도에 대한 본래 야심을 노출하기 시작하였다.

소련은 표면상으로는 미국의 신탁통치안에 협력하는 체하면서 38도선 이북 지역을 자신의 배타적 영향권으로 굳히기 시작하였다. 소련의 궁극적 목적은 미국과 크게 충돌하지 않으면서 한반도를 소련의 세계공산화혁명을 위한 극동기지로 만들겠다는 야심이었다. 앞에서도 지적했지만 소련은 런던 외상회담을 기점으로 스탈린이 루스벨트 대통령과의 합의사항인 미소공동위원회를 통한 합의와 관계 없이 북한 지역에 친소적인 인민정부를 세우도록 소련군 사령관에게 지령을 내렸던 것이다.[31]

---

30) 김원, 《젊은 대한민국사 건국》, 백년동안, 2014년, pp.187~189.
31) 일본 《마이니치신문》은 1993년 2월 26일자 보도에서 스탈린의 지령 내용 전문을 번역해서 게재했다.

당초 루스벨트 대통령과 스탈린 사이에는 양국 점령군 사령관들 간에 미소공동위원회를 만들고, 이 위원회를 통한 협의를 거쳐 '신탁 후 독립'이라는 모든 절차를 마련하기로 합의했다. 그러나 미소공동위원회를 통한 협의 없이 북한 지역에 친소 단독정부를 수립하라고 스탈린이 지령한 것은 미·소 합의에 대한 중대 위반이었다. 이 당시 소련의 태도는 이중적이었다. 소련은 미소공동위원회를 구성, 신탁통치 문제를 협의하는 외양을 갖추면서도 실질적으로는 북한 지역에 소련의 표현으로는 우호정권(본질은 위성정권)의 수립을 서둘렀던 것이다. 그렇게 해서 한반도는 미국의 탁치안(託治案)과 소련의 적화안(赤化案)이 맞서는 형국으로 변하게 되었다.

　　당시 소련은 제2차 세계대전 승전국이었으나 경제·사회적으로 극도로 피폐하였다. 이에 소련은 세계 공산당 조직망을 적극 가동하여 전 세계를 공산화함으로써 소련의 이익을 극대화하는 전략을 추구, 이 전략이 북한 지역에도 적용되었다. 동독 점령 후 동독 지역에 산재한 공장들을 해체해서 소련으로 가져갔던 스탈린은 북한 점령 후 수풍댐 발전기 몇 기를 뜯어서 소련으로 가져가기도 했다. 뿐만 아니라 소련은 북한 지역에 위성정권을 세우면서 청진항을 비롯하여 중국의 여순·대련을 포함한 부동항을 확보, 태평양 진출의 거점 마련에 역점을 두었다.

　　소련의 이러한 방침에 따라 북한은 동유럽의 소련군 점령지의 위성국가들과 마찬가지로 건국, 헌법제정, 토지개혁 등을 스탈린이 세계 공산화를 위해 만들어 놓은 모델대로 찍어낸 위성국가로 변했다.[32]

조선민주주의인민공화국 창건은 근대적 의미의 국민국가 건국이 아니라 스탈린 주도의 세계 공산혁명을 위한 한반도 민주기지 강화라고 북한의 정통역사 교재인 《조선통사》는 밝히고 있다. 따라서 북한 정권 수립에는 대한민국 임시정부의 항일독립운동과의 연계를 전혀 의식하거나 고려할 필요가 없었다.

수상부터 각료 한 사람까지 소련군정이 임명했다. 김일성 초대내각 엔 김영주 부주석(일제헌병보조원), 장헌근 사법부장(중추원 참의), 강양 욱 상임위원장(도의원), 김정제 보위성 부상(군수), 이활 공군사령관(나고야항공학교 출신), 한낙규 김일성대 교수(일제 검사) 등 친일 부역자들을 소련군이 임명했다. 소련정권의 하수인인 김일성은 북한을 공산국 가로서의 외형을 갖추면서도 안으로는 동양적 전제주의를 부활시켜 3 대가 세습하는 전체주의 독재체재를 만들어 오늘에 이르렀다.

2) 미국의 입장

태평양전쟁의 승자인 미국은 소련처럼 미군 점령지인 한국에 대해 영토적 야심이 없었을 뿐더러 특별한 전략가치도 부여하지 않았다.

---

32) George Kennan to George Marshall("Long Telegram" 1, February 22, 1946). Harry S. Truman Administration File, Elsey papers, Harry S. Truman Presidential Library and Museum; https://www.trumanlibrary.org/whistlestop/study_collections/coldwar/documents/pdf/6-6.pdf에서 이미 경고된 바 있었으나 크게 주목하지 않았다.

일본군 무장해제와 신탁통치 실시로 점령 목적이 끝나면 1948년 미군을 철군시킬 계획이었다. 이 당시 미국은 요즈음처럼 자유민주주의와 인권을 중시하는 민주국가를 한국에 세운다는 명확한 비전도, 구상도 없었을 뿐더러 신탁통치에 대한 구체적 계획도 세우지 않은 채 루스벨트 대통령은 전쟁 말기에 지병으로 작고(1945년 4월 12일)하였다.

루스벨트를 승계한 트루먼 대통령도 한반도에 대해 뚜렷한 전략이

1946년 3월 20일 오후 1시, 덕수궁 석조전 회의실에서 열린 제1차 미소공동위원회 개회식 장면. 미군측에서는 주한 미군사령관 존 하지 중장을 비롯해 미소공위 미국 수석대표 아치발드 아놀드(Archibald V. Arnold) 소장 등이 참석했고, 소련측에서는 미소공위 소련 수석대표 테렌티 스티코프(Terenti F. Stykov) 중장을 비롯한 회담대표들이 참석했다.

없기는 마찬가지였다. 요즈음에 회자되는 한·미·일 협력이라는 전략과제의 파트너로서도 한국은 고려되지 않았다. 전략적 가치가 거의 없다고 판단하고 하루빨리 한국 문제를 유엔에 이관시킨 후 손을 털고 떠날 대상으로 여겼다.[33] 사태가 엉뚱한 방향으로 바뀌고 있는데도 하지 군정사령관은 국무성이 내린 방침대로 신탁통치 실시에만 집착, 신탁통치가 가능할 정치환경 조성에 주력하고 나아가 군정에 필요한 질서와 시국 안정을 추구하면서 한국민들도 조속히 자유를 누리고 민주주의를 향유하도록 지원하겠다고 하였다.

그러나 신탁통치는 범민족적 저항에 봉착, 실시가 어려워졌다. 여기에 곁들여 북한 지역에서는 미소공동위원회와 관계없이 소련의 위성국가가 세워지는 사태에 직면하자 미국은 한국 문제를 유엔으로 이관을 검토하던 중에 "유엔 감시하의 자유총선거로 한국에 독립정부를 세우자!"는 이승만 구상을 수용하고 이를 실천에 옮기게 된다.

그리하여 유엔 감시하의 총선거는 소련측의 반대로 한반도 전역이 아닌 남한만의 선거로 끝나고, 대한민국 정부가 수립되자 미군은 당초 계획이었던 1948년보다 1년 뒤인 1949년에 500여 명의 한국군 훈련요원만 남기고 주한미군의 전면 철군을 단행하였다.

---

33) 이영일, 《미워할 수 없는 우리들의 대통령》, Hada신서, 2018년, p.58.

3) 한반도 내부 정세와 신탁통치 반대운동

연합국들이 합의한 한국신탁통치안은 광복의 그날만을 학수고대하면서 살아온 국내외 동포들에게 너무나 의외였고, 엄청난 충격을 주는 결정이었다. 한국을 신탁통치하겠다는 것은 비록 자주적으로 광복을 쟁취하는 데 성공하지는 못했다고 하더라도 한말의 독립협회운동으로부터 시작하여 거족적인 3·1독립만세운동을 거쳐 해외에 독립운동지도부로서 임시정부를 수립한 가운데 외교투쟁·무력투쟁·의혈투쟁을 벌이면서 36년 동안 줄기차게 펼쳐 온 우리 민족의 자주독립투쟁을 부정하는 처사였기 때문이다.

신탁통치안이 발표되자마자 전 국민은 물론이거니와 독립운동지도자들은 어느 진영에 있던 간에 너나없이 반대 입장을 밝히고 반대투쟁 대열에 합류하였다. 그러나 당시 우리 국민들은 민중이나 지도자를 막론하고 연합국의 발표 내용을 자세히 검토하기보다는 '5년간 신탁통치'한다는 보도 타이틀만을 보고 감정적으로 결사반대의 목소리만 높였을 뿐, 당시 국제정치가 한국을 어떻게 규정하고 있었으며 강대국간에 합의된 신탁통치 합의문서가 어떻게 처리되는 것이 바람직한가를 심도 있게 살피는 데는 지나치게 소홀하였다.

해방 당시 국제정치가 규정하고 있는 한반도의 상황은 '국가가 존재하지 않았고, 국민이 없는 땅(no-man's land)이며, 정부가 없는 진공상태(governmental vacuum)'였다. 또 1945년 12월 26일에 발표된 모스크바3상회의의 결정문도 "조선에서의 임시정부의 수립(제1조), 미소공동위원회의 개최(제2조), 신탁통치의 협의(제3조), 2주일 안에 미소공동위원회의 개최(제4조)"로 되어 있었다. '조선민주주의 임시정부 수립과 신탁통치 실시를 협의한다'고 되어 있었지 '곧바로 신탁통치를 실시한다'는 대목은 없었다.

1946년 5월, 제1차 미소공동위원회 미국측 대표인 브라운 소장과 악수하는
여운형(가운데가 시티코프)

한국민주당의 시국관

당시 국내에는 해방 후 여운형(呂運亨)이 착수한 건국준비위원회와
이에 편승하여 정국주도권을 장악하려는 박헌영(朴憲永)의 공산당은
해외 독립운동 세력인 이승만이나 임시정부를 외면하고 소비에트형
의 인민공화국 건설을 위해 전국적으로 조직을 확대해 나가면서 사실
상 공산당 정부를 수립하는 데 주력하고 있었다.

다른 한편에서는 공산당의 일방적 독주를 견제하면서 이승만이나 임시정부 요인들이 귀국하기를 기다렸다가 군정과의 교섭을 통해 신탁통치나 임시정부 수립안을 논의하려는 세력이 형성되어 있었다. 인촌 김성수(金性洙)를 중심으로 결성된 한국민주당이었다. 한국민주당(이하 한민당)은 박헌영의 공산당이 만드는 인공정권 수립 기도를 단호히 견제, 반대하면서 1945년 10월 16일 이승만이 환국하고, 뒤이어 11월 23일 김구 등 임시정부 인사들이 환국하자 이들을 환영하는 모임을 통해 민주·민족진영의 세력 규합에 착수하였다.

당시 김성수는 한민당의 사실상의 주인이면서도 앞에 나서지 않고 송진우(宋鎭禹)를 수석총무로 하여 국내파·해외파를 망라하여 범국민적인 신탁통치 반대투쟁을 조직하였다. 송진우는 우선 이승만·김구 등 독립운동 지도자들이 환국한 나라에서 활동할 여건을 마련해 주고 조직을 꾸리도록 필요한 지원에 나섰다. 바야흐로 반탁의 열기는 충천하였으며, 김구는 미군정을 뒤엎더라도 신탁통치를 받아들일 수 없다는 강경노선을 표명하였다.

상황이 이러한데도 한민당의 송진우는 강대국들이 내놓은 안들을 모조리 반대만 할 것이 아니라 수용할 것과 반대할 것을 가려 가면서 신중히 대처할 필요가 있다는 견해를 표명하였다. 이에 대해 김구의 한국독립당은 송진우를 찬탁파로 규정, 비판하였다. 곧이어 송진우는 반탁파의 사주를 받은 테러리스트에 의해 자택에서 암살(1945년 12월 30일)당했다.[34]

---

34) 박태균,《현대사를 베고 쓰러진 거인들: 해방정국과 4인의 요인 암살—배경과 진상》, 지상사, 1994년.

한국독립당 중앙집감위원

　물론 뒷날 결과를 놓고 보면 큰 차이는 없었지만 당시의 상황에서 한국으로서는 강대국 합의의 제1조에 주목하여 '조선에서의 임시정부' 수립 문제를 주제로 하는 대화를 미·소 양국을 상대로 벌여 하나의 단일정부 수립이 가능할 수 있는가도 진지하게 협의할 필요가 있었다.[35] 그러나 밝혀진 대로 소련의 대한반도 정책의 목표를 구체적으로 살펴보면 우리 민족진영이 어떻게 접근했더라도 결과는 마찬가지였을 것이다.

　결국 소련의 지령에 따라 움직이는 공산세력들은 신탁통치가 미국이 말하는 Trusteeship(託治)이 아니라 소련이 말하는 Tutelage(後見)

---

35) 신복룡, "미소공동위원회와 하지", 《주간조선》, 2015년 5월 18일자.

를 의미한다는 명분을 내세우고 하루아침에 반탁에서 찬탁으로 입장을 급선회하였다. 박헌영을 우두머리로 하는 남조선 로동당이 이때 들끓는 국론의 흐름과는 정반대의 길인 찬탁 쪽으로 태도를 바꾼 것이다.

이런 상황에서 열린 미소공동위원회는 신탁통치 문제를 놓고 한국 측 대표들과 협의를 개시하기로 했다. 그런데 이 협의에 참가할 정당 사회단체의 선정 문제를 놓고 미·소 간에 의견이 엇갈렸다.

소련측은 신탁통치에 찬성하는 정당이나 사회단체만을 협의의 대상으로 삼자고 주장하였다. 소련은 북한에서 신탁통치를 반대했던 조만식(曺晩植) 등 조선민주당 세력을 제거한 것처럼 남한에서도 미국의 신탁통치를 반대하는 민족진영 인사들을 사실상 배제하라는 것이었다. 당초 미국도 신탁통치에 찬성하는 측을 협의의 대상으로 하자는 원칙에는 동의했지만, 신탁통치 문제를 놓고 찬성하거나 반대할 의사 표현의 자유를 막아서는 안 된다는 미국식 입장을 내세움으로써 미·소 간의 의견 대립은 해소되지 않았다. 이로써 미소공동위원회는 무기 휴회에 들어가고, 다시 열릴 전망마저 보이지 않았다.

북한에 소련의 위성정권을 수립

소련은 이때를 틈타 북한 지역을 38도선을 경계로 남북한 동포들의 자유로운 내왕을 완전히 금지·차단하였다. 사실상 철의 장막을 친 것이다.

당시 소련군정사령관 치스차코프는 1945년 10월 8일부터 10일 사이에 열린 북조선5도인민위원회 연합회의석상에서 북조선을 '독자적인 정치경제단위'라고 선언하면서 독자적으로 화폐를 찍어낼 조선중앙은행을 창설(1946년 1월)하였다.[36] 동시에 그들이 점령 장악한 북한 지역에서 인민군을 창설하고 토지개혁을 일방적으로 단행하였으며, 모든 생산시설을 국유화하면서 위성정권 수립에 박차를 가했다. 이렇게 함으로써 소련은 한반도의 남북 분단을 사실상 고착화시키는 조치를 차례대로 실시하였다.

이 조치는 소련군사령부 정치지도원 그로차프의 〈인민정부수립요강(人民政府樹立要綱)〉(1945년 9월 4일)에 자세히 제시되었다.

요강은 제1항에서 인민정부의 수립을 목표로 정하고, 제2항에서 토지 문제는 가장 중요한 문제이므로 인구수에 비례하여 토지를 재분배한다고 규정하였다. 이것은 즉각 북한 5도의 정치적 향배를 주도했던 〈조선공산당평안남도지구확대위원회 강령〉(1945년 10월 6일)으로 채택되었다. 정치 스케줄에 따라 소련군은 반탁파(반토지개혁파)[37]를 제거하고, 김일성 주도하의 임시북조선인민위원회(1946년 2월 9일)를 출범시켜 제1차 미소공동위원회가 개최될 예정이던 3월 5일을 기해, 미소공동위원회에는 참석하지 않고 북한 전역에 걸쳐 토지개혁을 단행하였다.[38] 이때 11,500개 리동농촌위원회에서 80,000명의 농촌위원

---

36) 김원, 《젊은 대한민국사 건국》, 백년동안, 2014년, pp.193~194.
37) 金聖昊, "農地改革研究-이데올로기와 권력투쟁을 심으로 하여", 《國史館論叢》 제25집, pp.184~185.

1945년 8월 26일 평양에 도착한 소련 제25군 사령관 치스차코프 대장(우)이 일본군 평양사관구(平壤師管區) 사령관 다케시타 요시하루(竹下義晴) 중장(중)을 숙소인 철도호텔로 불러 항복을 받는 장면으로 그 장소에 조선인 대표로 조만식(좌)도 입회하였다.

을 선출하여 불과 25일 만에 963,457정보를 몰수하여 이 중 862,056 정보를 672,755호의 농가에 무상으로 분배했다.

당초 북한 공산당은 경자유전(耕者有田)의 원칙을 내세우면서 농민들에게 토지를 무상분배한다고 선전했다. 북한정권은 약속대로 지주들로부터 무상으로 몰수한 농토를 농민들에게 가족수를 감안, 분배해

---

38) 1945년 9월 12일자로 개최된 人民政治委員會의 정강협의에서 공산당이 人共樹立과 土地改革을 제의한 데 대해 曺勉植을 위시한 우익진영(反託派)은 대대적으로 반발하면서 3·7制를 주장했다. 和田春樹, 〈소련의 對北韓政策 1945~1946〉, 《분단 전후의 現代史》, 일월서각, 1983년, p.259.

주었다. 하지만 이때 북한 농민이 분배받은 것은 경작권이었을 뿐 소유권은 아니었다.

북한토지개혁령 5조는 분배된 토지는 '영원히 농민의 소유'라고 선언하고, 그러면서도 제10조에서는 농지의 소작·저당·처분은 금지한다고 규정하고 있다. 따라서 북한 농민은 농지를 분배받음과 동시에 북한정권의 소작농으로 지위가 바뀌어 버렸다. 즉 지주가 된 북한 공산당 정권에게 북한 농민들은 매년 소출의 25% 이상의 농산물을 현물로 무기한 바쳐야 하는 소작농으로 변한 것이다.

그러나 북한 농민들은 초기에는 경자유전의 원칙을 앞세우면서 무상으로 몰수된 농지를 무상으로 나누어 주자 "공자나 맹자도 못한 일을 우리 김일성 장군이 해주었다!"고 칭송하면서, 소련이 내세운 젊은 30대의 애송이 김일성을 위대한 수령으로 떠받들게 되었다.[39]

토지를 이용한 소련의 위성국가 정책이 동부 유럽에서와 마찬가지로 북한에서도 성공한 것이다. 서대숙(徐大肅) 교수는 김일성 집권의 토대는 다른 무엇보다도 토지개혁을 잘 이용했기 때문이라고 지적하고 있다.[40] 북한은 무상분배를 선전하고 있지만 결코 무상분배가 아니었다. 옛날의 지주가 김일성정권으로 바뀌었고, 농민은 김일성정권의 소작농이 된 것이다. 결국 사회주의로의 체제개혁을 위한 국유화의 전치단계(前置段階)가 경자유전(耕者有田) 원칙을 명분으로 행해졌

---

39) 《한국농지개혁사》, 한국농촌경제연구원, p.306.
40) 徐大肅, "김일성의 권력 장악과정", 《한국 현대사의 재조명》, 돌베개, 1967년, p.200.

을 뿐이라는 게 북한판 농지개혁의 진상이다.[41]

1950년 중반부터 시작된 농업협동화 정책에 따라 모든 농지는 국유화되었고, 경자유전 아닌 경자농노화(耕者農奴化)로 농민의 신세가 바뀌게 되었다. 시효가 5년짜리 소확행(小確幸)도 못 되는 토지개혁으로 평가해야 할 것이다.

북한도 동유럽형 위성국가의 하나

소련의 위성정권은 동유럽의 체코·헝가리·알바니아·루마니아·동독·폴란드처럼 소련공산당과 소련군의 지배하에서 스탈린의 지령에 따라 움직이는 사실상의 괴뢰정부였다.[42] 내치(內治)에는 자율권을 부여했지만 외교에서는 주권행사를 소련공산당의 국제기구인 코민테른의 지시대로 움직이는, 바꾸어 말하면 주권행사가 제한받는 국가였다. 아시아에선 북한이 바로 그 위성국가로 조직됨에 따라 모든 개혁도 소련판 그대로였다.

소련이 점령한 한반도의 북위 38도선 이북 지역에 세계공산화 혁명을 위한 전초기지로 북한정권이 세워진 것이다. 미국 전문가들의 표

---

41) 金聖昊, "農地改革研究-이데올로기와 권력투쟁을 심으로 하여", 《國史館論叢》제25집, pp.184~185.
42) 서양학자들이 북한정권을 소련 점령군의 배낭 속에서 만들어진 정권이라고 평하는 것은 정권 성립 경위에서 보면 사실이다. 또 브레즈네프가 1968년 체코 민주화운동의 진압 명분으로 내세운 제한주권론(制限主權論)은 모든 위성국에 적용되었던 원칙이다.

현을 빌린다면 '소련 점령군의 배낭' 속에서 기획 제조된 정권이었다. 헌법도 소련이 만든 동유럽 위성국들의 헌법과 자구(字句) 하나 다르지 않은 판박이 헌법이었다. 물론 국호와 수도(首都) 이름은 달랐지만 정권의 설립이나 운영방식, 권리 의무 등은 동유럽 국가들과 동일했고, 연호도 서기(西紀)로 통일하였다.

국가의 지도자와 내각도 소련 점령군이 선발, 임명하였다. 김일성도 소련의 스티코프(T. F. Shtikov) 장군이 지휘하는 소련극동군 제88국제 여단에서 훈련받은 소련군 대위 김성주(金成柱)였다. 스티코프는 김성주를 차출하여 독립운동가로 만주 지역에서 한때 명성이 높았던 김일성으로 개명시킨 후 스탈린과 접견시키고, 그의 낙점을 얻어 1945년 9월 북한으로 귀국시켰다. 이어 그는 소련군정사령관의 지원과 보호

1945년 10월 14일 평양시 군중대회에 나타난 김일성(왼쪽에서 두번째)

를 받으면서 자기 세력을 북한 땅에 새롭게 만들어 나갔다.

따라서 북한정권 수립과정에는 후술하는 대한민국의 건국과정처럼 대한민국 임시정부의 법통, 강령, 정책의 계승 문제나 연호, 국호, 정부 형태, 국민의 기본권 등 헌법제정 문제를 놓고 국회에서 쟁론이 벌어지는 정치과정은 아예 있을 수 없었다.

이런 맥락에서 볼 때 카이로선언에서 시작되어 유엔 감시하의 자유 총선거를 통해 민주적 기초에서 한반도에 세워져야 할 통일국가의 법통에서 본다면, 소련이 북한에 세운 김일성정권은 절대로 '용납될 수 없는 괴뢰정권'이었다. 해방된 한국 민족의 이익을 위해서가 아니라 소련의 세계 공산혁명을 추진하기 위해, 소련의 극동 진출을 위한 발판을 만들기 위해 북한 지역에 세워진 것이었다. 아무려나 "착한 강대국은 없다!"는 국제정치의 격률은 바로 이런 경우의 소련을 두고 한 말일 것이다.

미군정의 새로운 훈령

그렇게 소련이 북한 지역의 새로운 정권 수립에 나서자 미국은 한국의 미군정에 대해 새로운 훈령을 내린다. 이른바 〈대한정책교서(對韓政策敎書)〉(War 90716/1946년 6월 7일)[43]이다. 이것은 미소공동위원회를 재개하기 위한 노력이지만, 종래의 '정치적 중립'을 포기하고 새

---

43) 美國務省, 《미국무성 비밀외교문서》(1945~48); 김국태, 《해방 3년과 미국》 I, 돌베개, 1984년 역간.

로운 정치 주도세력을 남한에 창출하려고 했던 점에서 적극적인 방안이기도 했다.

이 교서는 처음에 국무성이 하달한 〈메시지 초안〉(1946년 2월 28일)에 따라 하지(John Reed Hodge) 중장이 〈실천방안〉(Tfurc, 1946년 5월 24일)을 제시했으며, 이것을 토대로 하여 교서가 작성되었던 것이다. 이의 핵심은 소련이 소수집단(김일성)을 앞세워 동유럽에서처럼 적화공작을 추진하고 있음을 정확히 지적한 다음, 이에 대응하기 위해서는 극좌(공산당)·극우(김구·이승만)를 제외한 중도세력을 결집시키고, 이들에게 '토지 및 재정개혁을 강조하는 내용의 진보적 강령'을 채택·시행하게 한다는 것이었다. 이것은 소련의 수법을 그대로 모방한 것이지만, 이에 반대하는 세력을 완력으로 제거하는 장치가 없었다는 점에서 전연 달랐다.

이러한 교서가 하달되자 하지는 곧 그의 보좌관 버취(Leonard Bertsch) 중위를 앞세워 중도좌파 여운형(呂運亨)과 중도우파 김규식(金奎植)을 협상 테이블로 끌어내어, 좌파 5원칙과 우파 8원칙을 협의시켜야 했다. 그러나 양측 합의가 힘들었던 이유는 토지개혁의 무상몰수·무상분배론과 정부 수립 전 친일잔재청산이라는 공산당 요구 처리 문제였다. 결국 실랑이 끝에 겨우 〈좌우합작7원칙(左右合作七原則)〉(1946년 10월 7일)을 유도해 냈다.[44]

그 골자는 중단된 미소공동위원회를 즉각 재개하여 좌우 합작의 임시정부를 세우되, 선거를 통해 좌우 합작의 입법의회를 구성, 한국 정치를 실질적으로 주도하게 한다는 것이었다. 특히 좌우 합작과정에서 가장 많은 시간을 소비한 것이 좌측이 제시한 '토지개혁'(무상몰수·무상분배) 조항이었다. 협의에 협의를 거듭한 끝에 체감매상(遞減買上)·무상분배(無償分配)로 낙찰되었다. 말하자면 좌측의 무상원칙과 우측의 유상원칙 중 각각 절반씩이 혼합된 절충안이었다. 이 사실이 공포되자 곧 농촌 지역에서 토지 투기가 일기 시작하고, 한민당은 즉각 〈좌우합작위원회의 토지정책에 대한 비판〉(1946년 10월)을 내어 반대하였다. 좌파농민단체인 전농(全農)은 '무상몰수·무상분배'가 아닌 데 격분하였다. 중도파는 결국 극우·극좌로부터 비난의 대상이 되었을 뿐이다.

남조선 과도입법의원 설치

이런 와중에 미군정(美軍政)은 이들 중도파를 중심으로 하여 남조선 과도입법의원(南朝鮮過渡立法議院; 1946년 8월 24일)을 출범시키고, 민정장관에 안재홍(安在鴻)을 임명, 미군정의 한국화(韓國化)를 시도했다.

다른 한편으로 미군정은 이들 좌우합작파를 앞세워 제2차 미소공

---

44) 〈좌우합작7원칙〉은 다음과 같다. (1) 모스크바3상회의 결정에 따라 남북을 통한 좌우합작으로 민주주의 임시정부 수립, (2) 미소공동위원회 즉각 소집, (3) 토지개혁에서 몰수, 유조건 몰수, 체감배상 등으로 농민에게 무상분여하고 시가지의 토지 및 대건물의 적정 해결, 중요 산업의 국유화, 지방자치 확립, 민생 문제의 시급한 해결, (4) 친일파 및 민족반역자 처리, (5) 남북한 정치범 석방, (6) 입법기구 설립, (7) 언론·집회·출판·결사·교통·투표 자유의 절대보장 등이다.(《농촌경제사연구》, 한국농촌경제연구원, 1989년 참조)

동위원회를 소집했지만 우파진영의 반탁파가 엄존하기 때문에 제2차 미소공동위원회(1947년 5월 21일~10월 18일)도 성공될 리가 없었다. 그러나 한민당은 송진우의 암살이라는 비극적인 사건에도 불구하고 그를 뒤이은 장덕수(張德秀: 일본 와세다대, 미국 컬럼비아대 박사)가 국내 난국을 풀어낼 대안을 안출해 보려고 노력하였다.

장덕수는 먼저 하지 군정사령관과도 대화를 나누고, 이승만과 김구 사이를 오가면서 민족진영의 통합과 단일화를 시도하였다. 그는 일본과 미국에서 공부한 당대 최고의 엘리트로서, 미소 강대국들이 들고 나온 신탁 문제를 한국의 상황과 민족적 요구에 맞게 건설적으로 해결하는 방도를 안출해 보자고 주장하였다. 김구는 강경한 반탁론자였

1946년 10월, 남조선과도입법의원 선거 포스터를 유심히 살펴보고 있는 사람들의 모습

기 때문에 장덕수의 이러한 접근을 못마땅하게 생각하고 장덕수와 격론을 벌였는데, 장덕수 역시 이 시점에서 한독당계의 테러리스트에게 피격·사망(1947년 12월 2일)하고 말았다.

이 일로 김구는 장덕수 테러의 배후인물로 의심받고 법정에까지 증인으로 불려 나갔다. 결국 신탁통치를 둘러싼 국론은 민족진영과 공산진영으로 양분되었고, 민족진영 내부에서도 친이승만(親李承晚)적인 한민당과 김구의 한독당 간에 보이지 않는 암투가 시작되었다.

한편 하지 장군에 협력하여 좌우합작파의 일익을 맡은 여운형도 제2차 미소공동위원회를 통해 탁치안(託治案)을 추진하는 데 앞장섰다가 조선공산당계로 알려진 테러리스트에게 암살(1947년 7월 19일)당한다.[45] 이로 말미암아 미소공동위원회는 사실상 실현 불가능하게 되었고, 미군정이 각계각층에서 선발 구성한 남조선 과도입법의원도 주류세력이 거의 우경화(右傾化)해 버렸다.

이때 한민당계가 다수였던 입법의원들은 이승만이 제시한 유엔 감시하의 자유총선을 통한 정부 수립안에 동조, 지지하고, 미군정이 시도하려는 전국적 규모의 농지개혁에 대해서는 일체의 심의를 사실상 거부하면서 앞으로 한국에 세워질 새 정부에 농지를 포함한 토지개혁 업무를 맡기고 미군정은 일본으로부터 회수한 귀속농지를 처분하는

---

45) 여운형의 피살에 관해서는 극우 테러리스트 한지근(韓智根)을 범인으로 체포했지만, 그의 배후가 조선공산당이라는 주장도 나오고 있다. 특히 미군정의 하지 장군이 그를 민정장관으로 내정했다는 정보가 새어나가 공산당이 그를 암살했다는 설도 나오고 있다. 그에게는 2008년 건국훈장 대한민국장이 추서되었다.

남조선과도입법의원 개원식, 1946년 12월 12일

1948년 1월 군정청 관리 및 남조선과도입법의원들과 신년 기념촬영.
맨 왼쪽이 서재필, 가운데 모자 쓴 이가 입법의원 의장 김규식

것으로 역할을 한정할 것을 요구하였다.

4) 이승만의 등장과 새 차원의 대미외교

1945년 10월 16일 귀국한 이승만은 10월 23일 조선호텔에 한민당·조선공산당·인민당·국민당 등 65개 정당 및 사회단체 대표 200여 명을 모아 독립촉성중앙협의회(독촉중협)를 결성하고, 박헌영과도 정부 수립을 논의하였다. 그 당시 소련측 정보에 민감했던 이승만 등 민족진영 인사들은 전혀 성공의 전망이 없는 신탁통치에만 매달리는 하지 군정만 바라보다가는 통일독립정부 수립이 사실상 불가능하다고 판단하였다.

당시 이승만은 반탁여론 조성을 위해 전국을 유세하던 중 1946년 6월 4일 전라북도 정읍(井邑)에서 한국이 중심이 된 과도정부(Interim Government) 같은 것을 만들어 독자적으로 통일정부 수립에 나설 필요가 있다고 주장하였는데, 그것이 유명한 '정읍발언'이다. 이승만의 정읍발언을 계기로 통일독립정부 수립의 과제는 사실상 미군정 중심에서 한국 국민들의 중심 과제로 급변하기 시작했다.

이승만의 어려운 귀국과정

이승만의 방미외교를 살피기에 앞서 북한 김일성의 입북과정과는 너무 대조되는 이승만의 귀국과정을 잠시 검토할 필요가 있다.

한국 독립운동 지도자의 한 사람인 이승만은 일찍이 배재학당을 졸업한 후 미국 조지워싱턴대학을 거쳐 1910년 미국 프린스턴대학에서 국제정치학 박사학위를 받았고, 또 30여 년간 미국을 무대로 독립운동을 펼쳐 왔지만, 해방 후 그의 귀국과정은 결코 평탄하지 않았다. 김일성은 스탈린이 낙점하고 접견한 후 지도자로 귀국시켰지만 이승만의 귀국과정은 전혀 달랐다. 미국 대통령이나 국무장관이 면담해 주기는커녕 오히려 귀국을 방해까지 하였다. 이승만은 미국에서 독립운동하면서 틈틈이 미국무성을 드나들면서 임시정부 승인을 요구하든가 한국의 자주독립에 필요한 조치를 취하도록 미국에 요구하는 행동을 전개해 왔기 때문에 미국무성은 그를 골치 아픈 노인으로 간주하였다.

특히 해방 후 귀국할 기회가 왔을 때 이승만은 자신이 대한민국 임시정부 대통령을 역임하고 임시정부 구미위원부 책임자임을 강조하면서 주미 고등판무관 자격으로 여권을 내달라고 요구하였다. 미국 정부가 이 조건을 받아들이면 그것이 곧 미국이 임시정부를 승인하는 법적 효과를 발생시킬 수 있다는 이유에서 귀국 여권 발급을 거부했다. 이어 국무성은 이승만이 미국의 점령정책에 역행하는 행동을 할지도 모른다고 우려하면서 한국의 미군정이 이승만의 귀국을 허가한다는 문서를 받아 오지 않고는 여권을 내줄 수 없다고 버텼다. 결국 미국의 태평양전쟁 총사령관인 맥아더 장군의 동의를 얻어 오라는 것이었다.

그즈음 미군정은 한국 국민들에게 이승만처럼 영향력이 막강한 인물의 도움을 얻어야 미군정이 업무를 원만히 수행할 수 있다면서 맥아더 사령관에게 이승만 같은 분이 귀국할 수 있도록 주선해 줄 것을 건의했다. 맥아더 장군은 하지의 건의에 따라 이승만에게 귀국 항공편을 마련해 줌으로써 이승만은 일본 항복 2개월 후인 1945년 10월 16일 김포공항으로 간신히 귀국하게 되었다.

공산주의자들은 이승만을 미국의 괴뢰나 앞잡이라고 줄곧 모함해왔지만, 이승만은 결코 미국의 앞잡이였던 적이 없다. 시종일관 이승만은 미국을 이용하여 자주독립의 길을 뚫으려고 애썼던 철저한 용미(用美)주의자였다. 그가 뒷날 '통일 없는 휴전 반대'를 명분으로 반공포로를 석방하고 북진통일을 외치면서 미국과 벼랑 끝 협상을 벌인 끝에 한미상호방위조약을 체결하고, 동시에 주한미군의 한국 상주(常駐)를 포함한 국방강화와 전후복구를 위한 경제원조를 확보한 것은 그의 용미외교가 얻은 빛나는 업적으로 평가된다. 이렇게 비교해 보면 김일성이야말로 북한정권 수립과정의 하나에서 열까지 모두 소련이 만들어낸 인물로서 말 그대로 소련의 괴뢰였다.

이승만은 어려운 과정을 거쳐 귀국했지만 도착하자마자 민족진영의 단합과 신탁통치 문제를 처리해야 할 도전에 직면하였다. 다행히 우리 국민들은 너나없이 신탁통치에 강력히 반대했기 때문에 강대국들이 부과한 신탁통치는 실현 불가능하게 되었다. 이에 미국무성은 한국 문제를 유엔에 이관시킨 후 한국 문제에서 손을 떼려는 계획을 세우고, 미군정이 종료되는 1948년 주한미군을 철수시키겠다고 공언하였다.[46]

해방정국의 주역 이승만, 김구, 하지. 1945년 11월 24일, 김구 귀국 다음날

정읍발언 후의 이승만 대내조치

정읍발언 이후 이승만은 6월 29일 과도정부 수립을 위한 '민족통일 총본부' 조직을 발표했다.

총　재: 이승만

부총재: 김구

---

46) 이영일, 《미워할 수 없는 우리들의 대통령》, Hada, 2018년, pp.58~59. 또 남시 욱의 〈6·25전쟁과 미국〉(2015년) 참조.

협의원: 이시영, 조성환, 오하영, 김성수, 이범석, 윤보선, 김동원,
　　　　허정, 방응모, 이묘묵, 김순애, 노마리아
정경부: 김병로, 심상덕, 이윤영
노농부: 고창일, 장자일, 전진한
선전부: 홍성하, 장석영, 김선량
청년부: 김철수, 김효석, 김산, 박용만
부녀부: 박현숙, 박승호, 임영신, 황신덕

이승만은 민족통일총본부를 조직하면서 〈민족통일선언문〉도 발표
하였다. 이에 때를 맞춰 임시입법의원에서도 한민당계의 서상일(徐相
日) 의원이 정읍발언에 지지를 표명하면서 임시정부 수립을 지지하는
결의안을 통과시키기도 하였다. 이때 이승만은 다음과 같이 포부를 피
력하였다.

"광복 대업을 완성하기에 민족통일이 최요(最要)이니 현 시국의 정
세, 총 민의의 요망에 순응하여 민족통일총본부를 설립하고 차(此)로
써 대한민족이 다시 통일함을 자(玆)에 선언한다. 본부의 주의는 안으
로는 동족 단결을 장려하며 파당적 구별이나 분열적 행동이 없기를
공도(共圖)하며 밖으로는 연합 우방들과 협동공작을 취하여 대업을 속
성한다. 금후부터는 모든 정당이나 단체가 다 전 민족의 공의를 존중
하여 통일전선을 장애나 방해하는 폐가 없기를 기대한다."

이승만이 임시정부 수립을 추진할 범민족기구로 민족통일총본부를
발족시킨 것은 임시정부가 남북을 아우르는 통일민족국가 건국을 위

한 과도적 성격의 정부라는 것을 알리기 위함이었다.

정읍발언 후의 대미조치

이 당시 이승만은 미군정의 좌우합작운동과 소련 점령군 지령에 의한 공산당 폭동으로 남한의 무질서와 공산화 위기가 가중됨에 따라 한국 문제를 가능한 한 모스크바협정의 틀에서 떼어내어 유엔에서 해결하는 방법을 구상하였다.

이승만은 1946년 9월 10일 임영신(任永信)을 민주의원 주미위원 겸 대한민국 전권대표로 임명하여 뉴욕으로 보내, 워싱턴의 임병직(林炳稷) 한국위원단 부의장과 더불어 10월 23일 뉴욕에서 개최될 제1차 유엔총회에 한국 독립 문제를 상정하도록 지시했다. 이승만도 출국, 12월 5일 도쿄에서 맥아더 장군을 만나 미·소 합의에 의한 한국 문제 해결은 불가능하므로 한국 문제를 유엔에 이관하는 안을 본국 정부에 건의해 줄 것을 요청했다. 맥아더는 미국 새 국무장관에게 한국 문제에 관한 미·소 간 외교 교착을 타개할 정책대안으로 한국 문제의 유엔 이관을 제의하겠다 약속하고 그대로 이행하였다.

이승만은 1946년 12월 8일 미국에 건너가 12월 10일부터 트루먼 대통령, 마셜(George Catlett Marshall) 국무장관 지명자, 스파크 유엔 총회의장 등과의 면담을 시도했으나, 미 국무부가 '공적 자격(official status)을 갖추지 못한 인물'이라는 이유로 기피해 면담은 실현되지 않았다. 이에 이승만은 12월 12일 국무부에 제출할 〈한국문제해결책〉

이라는 정책건의서를 작성하였다.[47]

(1) 분단된 한국이 통일되고 총선거가 실시될 때까지 남한을 다스릴 과도정부를 선거를 통해 수립할 것.

(2) 이렇게 수립된 남한 과도정부를 유엔에 가입시킴으로써 미·소 점령군의 한반도 철수와 기타 중요한 문제들에 관해 미·소와 직접 협상할 수 있도록 할 것.

(3) 한국의 경제복구를 위해 일본에 대한 배상청구를 조속히 개시할 것.

(4) 다른 나라들과 평등하며 어떤 특정 국가에 대해 편중되지 아니한 전면적 통상권을 한국에 부여할 것.

(5) 한국의 통화를 안정시키기 위해 국제외환제도를 수립할 것.

(6) 두 나라 점령군이 철수할 때까지 미국 안보군(security troops)을 남한에 계속 주둔시킬 것.

이승만은 1947년 1월 17일 미 국무부 빈센트(Vincent) 극동국장에게 자기가 작성한 〈한국문제해결책〉을 직접 제출하도록 하였다. 빈센트 국장은 이 문건을 마셜 국무장관과 국무부 점령지역 담당 차관보 힐드링(J. H. Hildring)에게 제출하였다. 마셜 국무장관은 2월 15일 애치슨 국무차관에게 한국 문제 조율을 위해 국무부·육군부·해군부 3부

47) 유영익, "이승만 방미외교", 《이승만의 생애와 건국비전》, 청미디어, 2019년, p.226.

조정위원회 산하에 '한국문제특별위원회'를 설치 운영하고, 그 결과를 국무장관과 패터슨 육군장관에게 보고하도록 지시했다. 1947년 3월 12일 마셜은 〈트루먼 독트린〉을 선포하고, 3월 13일 "한국 문제 해결에 소련이 협조하지 않는다"고 비난하면서 "남한에 독자적으로 정부 수립을 추진할 용의가 있다"고 선언하였다.

이 결과 5월 21일 미소공동위원회를 재개하였으나 7월까지 공전하였다. 소련은 1945년 9월 북한에 이미 공산위성국가 수립에 착수했기 때문에 공동위 결의는 불필요한 절차였다. 마셜 장관은 3부조정위원회 산하 한국문제담당특별위원회 국무부 대표인 앨리슨(John M. Allison) 동북아국 부국장의 〈앨리슨 계획〉을 8월 6일 트루먼 행정부의 공식 정책안으로 채택했다. (1) 워싱턴에서 한국 문제를 다룰 4대국 외무장관회의를 개최할 것을 소련에 제의하고, (2) 전 한국에서 총선거를 통해 인구 비례로 국회의원을 선출하되, (3) 소련이 거부하면 유엔 감시하에 남한만의 총선거를 실시하여 단독정부를 수립한다는 내용이다.

소련은 미국의 제안이 모스크바협정 위반이라면서 수용을 거부하였다. 그러자 마셜은 9월 16일 소련에 한국 문제를 유엔에 넘기겠다고 통고하고, 9월 17일 유엔총회에 참석, "그동안 미소공동위원회가 어떠한 합의도 하지 않아 한국 문제를 유엔에 상정하지 않을 수 없다"는 취지로 연설하였다. 이어 미국의 유엔대사는 유엔총회가 한국의 독립 문제를 총회 의제로 상정하도록 제안하였다.

유엔총회는 9월 23일 표결을 통해 한국 문제를 총회 의제로 채택하였다. 이렇게 되자 소련은 미소공동위원회의 소련 대표 스티코프를 통해 "48년 초까지 한반도에서 모든 외국 군대를 철수하고 한국인 스스로가 정부를 세우도록 하자"고 제안했다. 남북 좌익을 합친 세력이 당연히 승리할 것이고, 그렇지 못할 때는 북한에 그들이 양성해 놓은 군대를 이용해서라도 좌익이 정권을 차지할 수 있을 것이라는 속셈을 깔고 있었다. [48]

미국으로서는 고민스러운 제안이었다. 재정적 부담을 줄이기 위해서는 철군이 필요하지만 미군 철수의 결과로 한반도가 적화되는 것을 방치할 경우 국제사회에서 미국의 무책임성만 노정될 것이기 때문이다. 결국 미국은 어정쩡한 입장이었으나 한국 문제를 유엔을 통해 해결짓기로 결론을 내렸다.

그리하여 유엔총회는 1947년 11월 14일 유엔임시한국위원단(UNTCOK)의 감시하에 남북한 총선거를 실시하여 독립정부를 수립한다는 결의안을 채택하였다. 이승만이 대미외교를 통해 노린 예상과 효과가 적중한 것이다. 그러나 소련은 반대하였다. 1948년 1월 8일, 유엔임시한국위원단이 입국해 남한 정치지도자 면담을 개시했으나 소련은 위원단의 방북을 불허하였다.

다음해 2월 26일, 유엔 소총회는 '가능한 지역'에서 총선거를 실시하는 안을 다시금 가결하였다.

---

48) 김원, 앞의 책, p.351 인용.

유엔임시한국위원단의 한국 방문 환영대회. 1948년 1월 14일, 서울 동대문운동장

1946년 제1차 미소공동위원회. 왼쪽부터 이승만, 김구, 시티코프, 안재홍

'대한민국 임시정부 환국봉영회'에 참석한 김구와 이승만, 1948년 12월 19일

이승만과 김구의 결별

이승만은 제2차 미소공동위원회가 열리는 기간에도 반탁운동을 지속하는 한편, 그가 주도한 대한독립촉성국민회를 유엔 감시하의 자유총선거를 통한 단독정부 수립안을 지지하는 인사들로 강화하면서 미군정이 과도입법의원을 통해 보통선거법을 통과시키자 이를 바탕으로 한국민족대표 200명을 선발, 한민족대표자회의를 결성하였다. 그는 이 회의에 김구의 국민의회를 통합해서 자신이 주도하는 우익의 정부수립기구를 만들고자 하였다.

그러나 김구는 반탁운동에서는 이승만과 보조를 같이했지만, 정부 수립 문제를 놓고는 입장을 달리하기 시작했다. 김구는 막연한 임정 봉대론(臨政奉戴論)에 사로잡혀 이승만과의 협조를 외면하다가 결국 이승만 주도의 정부 수립을 반대하는 길로 나갔다. 당시 한민당은 내외정세 추이에 비추어 우선은 이승만을 지도자로 모시고, 김구는 그 다음 지도자로 추대하자는 입장을 견지한 것으로 알려졌다.[49]

한편 한민당은 1947년 9월에 들어서자 미소공동위원회가 사실상 결렬상태에 빠지고 미국이 한국 문제를 유엔에서 해결하려는 태도가 분명해지자 미소공동위원회에 참여하면서 한때 이승만과 거리를 두었던 태도를 바꿔 다시 이승만 노선에 동조하기 시작했다.

때마침 과도입법의원이 통과시킨 국회의원선거법을 미군정이 9월 3일 발표하자 이승만은 한독당과의 결별을 결심하고 총선거 참여세력을 결집시키면서 9월 16일 한독당이 자기에게 제안한 국민회의 주석 추대를 거부하였다. 임정세력과의 단절을 결단한 것이다. 이때 유엔총회가 한국 문제를 의제로 상정했다는 보도가 나오면서부터 국내 정국에서 이승만의 무게는 막강해지고, 정부 수립을 위한 세결집(勢結集)이 한층 더 가속화되었다.

인촌 김성수, 우파진영 단합을 도모

---

49) 김용삼, 《대한민국 건국의 기획자들》, 백년동안, 2015년, pp.474~477.

해방 후 정국에서 자유민주 우파세력의 단합과 조직화를 주도한 큰 지도자는 한민당을 만든 김성수였다.

독립운동의 큰 지도자였던 이승만과 김구는 모두 해외에서 독립운동을 주도했기 때문에 국내에는 동원할 만한 자기 조직도 없었고, 그럴 만한 여건도 갖추지 못한 형편이었다. 그러나 국내파의 거두인 인촌(仁村) 김성수(金性洙)는 자기를 중심으로 뭉친 우파세력을 중심으로 국론의 중심을 잡아 나가면서 해외파 독립운동 세력과 국내파가 협력해서 새 국가 건설의 토대를 마련하는 데 주력하였다.

김성수가 이런 노선을 걷게 된 것은 그가 1919년 3·1독립운동을 사실상 준비하고 주도한 데서 비롯되었다. 당시 미국에서 윌슨 대통령의 민족자결론에 공감하면서 3·1독립만세를 준비하고 있던 이승만은 민족자결론에 대한 국민적 공감을 확산시키기 위해서는 미국 같은 해외뿐만 아니라 국내에서도 만세운동이 일어나야 할 필요성이 있다면서 미국 유학을 마치고 귀국하는 여운홍(呂運弘) 편에 3·1만세운동을 권면하는 서찰을 작성, 국내의 김성수에게 전했다는 것이다.[50] 물론 김성수는 이승만의 편지와 관계 없이도 독립만세를 주도한 2·8 동경유학생궐기에 맞춰 국내의 최남선(崔南善)·정인보(鄭寅普) 등과 협력, 3·1만세운동을 추진하고 있었던 것으로 알려졌다.

김성수는 항상 자기를 앞세우지 않으면서 우파진영의 중심이 되어 한국민주당을 결성하고, 박헌영이 여운형과 제휴하여 추진하는 건국

---

50) 김원, 앞의 책 참조.

준비위원회와 인민공화국 건설운동에 맞서 우파의 지도자답게 한국민주당을 결성·견제했다. 그는 미국의 이승만, 임시정부의 김구 등 해외에서 독립운동을 지도하던 독립운동 지도자들이 귀국한 후 함께 협력해서 새 나라를 만들자는 입장을 확고히 하였다. 김성수는 1945년 10월 16일 이승만이 귀국하고 11월 23일 김구 등이 귀국한 후 합동으로 환영행사를 베풀면서 새 국가 건설의 비전을 나누었다. 나아가 강대국들이 해방된 조국에 부과하는 신탁통치 반대운동의 조직화를 주도했다.

그는 미군정 당국과도 긴밀히 협력하면서 해방 후의 독립 과제를 준비해 나갔다. 해외에서 귀국한 이승만·김구 등이 국내에서 활동할 거처와 활동경비를 마련해 주었고, 국내에서 건국운동을 제대로 펼칠 여건을 만들어 주는 데 있어 그의 역할은 자못 지대하였다. 당대의 엘리트로 자타의 평가를 받던 고하 송진우(宋鎭禹), 설산 장덕수(張德秀), 위당 정인보(鄭寅普) 등의 보필을 받으면서 그의 둘레에 인재를 모아 건국의 토대를 깔았다.

그는 국내 최대의 농지를 소유한 지주로서 《동아일보》를 창립, 언론 창달에 앞장섰고, 중앙고등학교·보성전문학교 등을 세워 인재육성의 길을 열었다. 해방정국의 혼란 속에서 아끼던 동지 송진우와 장덕수가 한독당 계열의 테러로 목숨을 잃고 본인도 세 차례의 테러 위기를 넘기면서도 민족진영의 단결 도모에 힘썼으며, 이승만의 유엔 감시하의 자유총선거를 통한 독립정부 수립운동을 앞장서서 지지하였다.[51]

또 조봉암(曹奉岩) 등 공산당계 독립운동가들도 건국 대열에 동참하도록 길을 열어주었으며, 유진오(俞鎭午) 등 헌법기초위원을 영입하여 건국 설계에 참여케 하였다. 우파들의 단합을 위해 자기가 제헌국회 의원으로 입후보할 선거구인 종로구를 북한에서 월남한 조선민주당 출신의 이윤영(李允榮)에게 양보하고, 자기는 출마하지 않았다.

그는 이승만 대통령의 한민당과 자기에 대한 여러 가지 형태의 견제에도 불구하고 대한민국의 초기 정국에서는 이승만이 정치적 구심점이 될 수밖에 없다는 소신에 따라 이승만을 도왔으며, 야당의 입장이 되어서도 이승만에게 건설적 충고를 아끼지 않았다.

그는 남의 눈에 크게 띄지 않으면서도 항상 대한민국 건국의 산파로서 제 역할을 실천했고, 새 국가 건설의 실질적 추진자였다. 더욱이 자기 재산의 대부분(3,247정보)을 지가증권과 교환함으로써 해방 후 한국 농지개혁을 성공시키고, 농업자본을 산업자본으로 전환시킨 선구자였다.

그러나 그는 일제 식민지하에 국내에서 사업을 했기 때문에 일본제국의 요구에도 협력하지 않을 수 없었다. 그 역시 1942~43년경에 일본의 항복이 임박했음을 예상치 못하고 식민지 조선에서 조선인의 지

---

51) 《韓國農地改革史》, 農村經濟研究院, 1989년, p.338. 한민당의 서상일 의원 등 입법의원 42명은 1948년 2월 19일 입법의원 제205차 본회의에서 소련의 한국 독립 방해공작을 배격하고, 우선 가능한 지역에서 총선거를 실시하자는 유엔소총회 결의를 지지하는 결의안을 제안, 2월 23일 가결했다. 이에 김규식 의장, 최동오 부의장 등 28인은 국토와 인민의 분열에 대해 책임을 통감한다면서 사퇴함으로써 입법의원은 사실상 해체되었고, 정국은 5·10선거 방향으로 흘러가게 되었다.

1946년 2월 15~16일 이틀 동안 서울 종로 중앙기독청년회 강당에서 열린
민주주의민족전선 결성대회에서 대화를 나누고 있는 박헌영과 여운형

위 향상을 도모하려면 일본의 전쟁 노력도 외면할 수 없다는 취지에
서 조선인의 학병지원을 독려하는 데 관여하였다. 이로 인해서 친일
부역(親日附逆)으로 비판받기도 한다. 그러나 그는 일본 치하에서 언
론(《동아일보》 창간), 교육(보성전문학교와 중앙중고등학교 등), 문화사업
에 쌓은 높은 덕망과 업적 때문에 국민적 지탄보다는 사랑과 존경을
받기도 했다.

이승만도 김성수의 이러한 기여를 평가, 그의 도움과 지원을 얻어
건국과업을 잘 마무리할 수 있었다. 이승만은 3·1만세운동을 포함한

독립운동에 대한 인촌의 기여를 평가, 그를 초대 재무장관으로 임명했지만 고사하자 그가 추천한 김도연(金度演)을 재무장관으로 임명하고, 뒤에 그를 대한민국 제2대 부통령으로 영입했던 것이다.

친일반민족행위자들의 선거권 박탈

여기에서 주목할 것은 미군정이 공포한 선거법 가운데 '친일부역자의 선거권 및 피선거권 박탈조항'이 포함된 것이다. 이 조항에 따르면 일본 정부로부터 작위(爵位)를 받았거나 일본 제국의회의 의원이었던 사람은 선거권 자체가 없다고 규정해 놓았다. 또 일제시대 판임관 이상의 경찰관 및 헌병보 또는 고등경찰이었던 사람이나 밀정 출신, 중추원 부의장이나 고문 또는 참의, 부(府)나 도(道)의 자문 혹은 의결기관의 의원이었던 사람, 일제시대 고등관으로서 3등급 이상의 지위에 있었거나 7등 이상의 훈장을 받은 사람은 피선거권이 없다고 규정하였다.

이 조항을 보면 대한민국을 친일파들이 미군정과 제휴, 건국했다는 좌익 내지 공산당의 주장은 사실이 아님이 명백하다. 후술할 반민족행위자처벌특별법이 친일부역행위를 한 자들에 대한 형사처벌이나 재산형 부과에 역점을 두었다면 5·10선거를 앞두고 미군정이 제정한 선거법은 친일반역자들에 대한 정치적 제재라고 말할 수 있다.[52]

---

52) 김원, 앞의 책, p.407 재인용.

이 점은 미군정이 대한민국 건국에 대한 유엔의 요구에 응하기 위해 5·10선거를 흠결 없는 선거로 만들기 위해 애썼다고 평가할 수 있는 대목이다.

5) 소련과 공산당의 유엔 감시 총선거 반대운동

유엔의 통일독립정부 수립안이 시행되는 데에는 두 가지 난관을 돌파하여야 했다. 하나는 소련의 반대였다. 1948년 1월 22일 소련은 유엔이 결의한 남북총선 실시를 반대, 유엔한국위원단의 입북(入北)을 거부하였다. 다른 하나는 소련의 입북 거부 발표 나흘 뒤인 1월 26일 남한의 독립운동가 김구가 소련의 주장에 호응하듯, 남한에서만 실시되는 선거를 통한 정부 수립을 반대하고 이런 선거에 자신은 불참한다는 입장을 발표한 것이다.

유엔을 통한 통일독립정부 수립안은 이승만 박사가 구상한 전략으로 소련이 미소공동위원회의 합의와 관계 없이 이미 북한에 위성정권을 세워 놓은 실상(實相)을 국제사회에 까발리는 '신의 한수'였다. 소련 공산주의의 팽창정책을 뒤늦게 깨달은 미국도 마침내 이승만의 유엔 방식을 지지하였다.

이에 당황한 스탈린은 유엔 감시하의 총선거를 통한 대한민국의 건국을 적극적으로 저지하는 한편, "고립된 김구를 이용하라"는 지령을 내렸다. 이에 한반도 공산화 총책 스티코프는 김일성을 앞세워 '성시

백 작전'을 지휘하였다.[53] 이 작전에 걸려든 김구는 종래의 입장을 버리고 소련이 주장하는 논리 그대로 다음과 같이 발표한다. "남북한에 미군과 소련군이 주둔한 상황에서 선거의 자유를 보장할 수 없으니 양국군은 철수하고 남북한 요인들이 만나 선거 준비를 한 후 선거하자!"면서 '남한만의 정부 수립 반대' 의견서를 유엔한국위원단에 제출하였다.

　남한의 정계와 국민들은 폭탄을 맞은 듯 경악과 분노로 들끓었다. 왜냐하면 불과 한 달 전 '장덕수 암살' 때(1947년 12월 2일)까지만 해도 김구는 "소련이 반대하여 남한만 선거해도 우리가 한반도의 대표성을 가지므로, 강원도 산골에 세워도 한반도 중앙정부!"라면서, 이를 한국독립당 당론으로 발표하고 기자회견에서도 확인한 터였다. 그러던 김구가 1948년 4월 김일성의 초청으로 북한을 방문하고 서울로 돌아와서는 태도를 표변, 유엔 감시하의 총선에 반기를 든 것이다.[54] 한민당 등은 "독립운동 지도자가 공산당과 똑같이 표변하다니, 크렘린궁의 신자냐. 스탈린의 대변자 아니냐?"고 일제히 규탄하였다.[55]

---

53) 성시백은 김일성이 파견한 대남 거물간첩으로 통일 대통령에 김구를 옹립한다는 꾀임수(?)로 김구를 유엔 감시 총선거 반대의 길에 나서도록 설득, 포섭하는 데는 성공했지만, 대한민국에서는 그를 간첩으로 체포하여 1950년 5월 서울에서 사형당하였다.
54) 이영일, 《미워할 수 없는 우리들의 대통령》, 늘품출판사, 2018년, pp.75~79.
55) 인보길, "김구가 스탈린 편에 붙은 날 1월 26일"(1948년)-건국 전야 망국의 친북세력 탄생"-페이스북 기고의 글(2022년 1월 26일자) 재인용.

평양 남북연석회의 참석차 을밀대를 찾은 김규식과 김구

소련의 선거 방해 책동 실례

이하 소련이 추진한 한반도 공산화 전략의 일부를 스티코프 자료를 이용해 살펴보자.

스탈린은 앞에서 본대로 북조선에 국가수립 지령을 내리고, 소련점 령군이 막후에서 조선공산당의 유혈폭동을 직접 지휘하고 자금까지 지원하여 북조선을 남한의 공산화를 위한 전진기지로 만드는 공작을 구체화하였다.

미군정을 흔들기 위해 조선공산당 산하 남한의 노동조합전국평의 회(전평)는 파업을 단행하였다. 철도노조 파업을 시발로 전신·전화· 운수·금속·화학·출판·신문 등 40여 개 노조단체 노동자 25만 명 이 가담한 시위중 내판(충남 연기군 동면 열차역)의 열차 충돌사건 사고 등으로 인명 피해가 컸다. 이 유혈 폭동은 조선공산당과 김일성이 배 후에서 지원 개입하였으며, 북한주둔 소련군도 총파업 단계부터 자금 을 지원한 사실이 소련 붕괴 후 공개된 러시아 기밀문서로 밝혀졌다.

소련 점령군 최고책임자인 연해주 군관구 정치사령관 스티코프 (T. F. Shtikov) 상장은 1946년 9월 9일자 일기에 "박헌영이 조선공산당이 사회단체들을 어떻게 지도해야 하는지에 대해 소련군 당국에 문의했 다"고 기록하였다. 평양 주재 소련군 민정사령관 로마넨코(Andrei A. Romanenko)가 서울 주재 소련 부영사 샤브신이 김일성·여운형 등과 함께 참석한 평양회의에서 노조원들의 임금 인상, 체포된 공산주의자 들의 석방, 좌익 신문 복간, 조선공산당 지도자들에 대한 미군정청의 체포령 철회 등의 요구조건이 받아들여질 때까지 파업을 계속하라고 지시했다는 것을 보고한 기록도 스티코프 문서에 나와 있다.

로마넨코는 평양 남북연석회의에서 파업지원금 500만 엔을 요청 받고, 200만 엔을 지급했다. 스티코프는 10월폭동이 한창 진행되던 10

1948년 평양 남북연석회의에 참석한 박헌영이 김일성과 담소를 나누고 있다.

월 21일자 일기에는 조두원 조선공산당 중앙위원이 김일성에게 남한의 빨치산 부대가 '반동진영'을 상대로 벌이고 있는 전투를 본격적으로 추진할지를 묻는 보고서를 자신에게 보고했다고 썼다. 평양으로 도피해 온 박헌영이 빨치산 부대원의 식량과 탄약이 부족하다고 보고하고, 투쟁방침을 교시해 줄 것을 요청했다는 기록도 보인다. 12월 6~7일 스티코프는 박헌영에게 혁명자금으로 39만 엔과 122만 루블을 지원한 것도 기록하였다.[56] 민중운동으로 《한국 근현대사》 교과서에 기술된 철도노동자 총파업, 10월폭동(대구폭동)[57] 등이 북한에 진주한 소련 점령군과 조선공산당의 지령을 받은 것임이 일목요연하게 드러나고 있다.

소련은 자기들에 동조하는 한국 내 공산세력(박헌영의 남로당)에 총선 실시를 결사 저지토록 지령했다. 이 결과 남한 각지에서 남로당이 주도하는 파업과 폭동이 일어났고, 이 폭동의 극한 사태가 1948년 4월 3일 제주도에서 벌어졌다. 특히 제주도에서 발생한 4·3폭동은 대한민국의 탄생을 저지하기 위해 김달삼(金達三)이라는 공산당 거물(처음엔 일본공산당에 가입했다가 해방 후 조선공산당에 합류한 자)의 지휘 아래 전개된 대규모 폭동이었다.

당시는 대한민국 정부가 출범하기 이전이기 때문에 문재인 대통령이 2020년 제주 4·3폭동에 대해 언급한 바 "국가폭력으로 민족의 통일 염원을 짓밟은 처사!"가 아니었다. 5·10총선을 방해 저지하여 대한민국의 탄생을 저지하려는 공산당의 조직적이고 계획적인 폭동을 미군정이 주도하여 진압한 사건이다.

---

56) 남시욱, "10월폭동─북한과 소련의 지원", 《한국진보세력연구》, 청미디어, 2009년, pp.44~47.
57) 김한종, 남정란, "광복 직후 남한의 정세", 《고등학교 한국 근현대사》, 금성출판사, p.260.

이런 혼란 속에서도 1948년 5월 10일 실시된 유엔 감시하의 총선거는 제주 지역 선거구 3개 구 중 2개 구[58]를 제외한 전국의 모든 지역에서 자유롭고 평온한 가운데 투표가 종료되었다.

미군정의 귀속농지 방매조치

5·10선거와 관련해서 한 가지 기억해야 할 것은, 이 당시 미군정이 일본인들로부터 몰수한 농지(이를 귀속농지라 함)를 새로 출현할 한국 정부가 농지개혁법을 만들어 농지개혁을 실행하기에 앞서 5·10선거를 앞두고 한국 농민들에게 장기분할상환을 전제로 농지를 방매하기 시작한 것이다.

그리하여 5·10선거 전에 10만 이상의 농가가 소작인의 지위에서 땅을 가진 지주로 위상을 바꾸는 사태가 벌어졌다. 공산당원들은 일본인에게서 빼앗은 귀속농지를 무상분배해야 한다고 비판했지만, 농민들은 매년 소작물의 20%를 15년에 걸쳐 분할상환하면 자기 소유의 토지가 된다는 사실을 환영하면서 토지 구매에 적극적으로 참여했다. 4월 한 달 동안에 10만 농가를 목표로 방매를 개시했지만 4월 23일 16만 호를 넘어설 만큼 인기 있는 정책이었다. 미군정은 이 정책을 5·10선거를 알리는 공중 살포 삐라에 끼어 선전했기 때문에 그 효과는 배가되었다.

---

58) 1948년 4·3사태로 북제주군 갑구와 을구의 선거를 1년 후로 연기, 1949년 5월 10일에 실시하였다.

분배농지의 수매 대가는 미군이 갖는 것이 아니라 새로 수립되는 정부의 예산에 산입되기 때문에 보수진영에서도 반대할 명분이 없었다. 결국 귀속농지의 방매는 미군정이 5·10선거에 주는 큰 선물이었다. 미군정이 서둘러 농지의 방매에 나선 것은 사사건건 미군정과 대립했던 이승만 등이 농지 방매를 정치적으로 이용하지 못하도록 선제했다는 견해도 있다.

당시 군정장관 딘(Dean)은 미군정의 농지 방매조치로 50만 세대와 331만 8155명의 농민이 세부담 없이(실재로는 공출 부담을 없게 한다는 취지) 자유국가의 자유지주로 변하게 되었다는 성명을 발표하였다.

이러한 귀속농지 개혁조치는 신생 대한민국이 농지개혁을 통해 소작농체제를 근간으로 한 지주지배체제를 종식시키고 자영농체제로 농업질서를 바꾸지 않을 수 없는 분위기를 조성하였다. 동시에 5·10 총선을 앞두고 농민들이 새로 태어날 정부에 지지와 애착을 보일 분위기 조성에 크게 기여했음은 물론이다. 일본인 귀속농지를 담당했던 미국인 총재 샤일즈 클라이드 미첼(Chayles Clyde Mitchell)은 "미군정의 실패사에 있어서 오직 하나의 예외를 든다면 귀속농지 매각사업이었다"고 칭찬하였다.[59]

여기에 한 가지 첨언할 것은 한국을 점령한 미군이 한국에 살던 일본인을 모두 포로로 취급, 그들의 전 재산을 몰수하고 이를 귀속재산으로 관리했다가 대한민국 정부가 수립된 후 정권을 한국 정부로 이

---

59) 金聖昊, 앞의 논문, p.194.

양할 때 그대로 넘겨 주었다는 사실이다. 대한민국 정부는 미군정으로부터 이관된 귀속재산을 귀속재산특별회계로 관리하면서 한국 경제재건에 유용하게 활용하였다. 그러나 소련은 북한 땅의 일본인 재산 중 상당 부분을 전후 소련 복구를 위해 반출해 간 것으로 알려졌다.

6) 유엔 감시하의 자유총선거 실시

1948년 5월 10일, 제주도를 제외한 남한 전역에서 국회의원 총선거가 실시되었다.

1948년 4월 16일 후보자 등록이 마감되었는데, 선거를 보이코트할 것이라는 예상을 깨고 중간파와 한독당계 인사들이 무소속으로 대거 입후보하였다. 총 948명의 입후보자 중 417명이 무소속이었다. 그밖에 대한독립촉성국민회가 235명, 한민당이 91명, 대동청년당 87명, 기타 군소정당, 사회단체에서 나온 후보자가 118명이었다. 우익진영 후보자 난립현상이 뚜렷하였다.

모든 좌익단체들이 총선 파탄을 위해 총동원령을 내렸지만 선거는 비교적 순조롭게 진행되었다. 총유권자의 79.7퍼센트가 등록하여 그 중 95퍼센트가 투표에 참여했다. 선거 다음날인 5월 11일 유엔한국임시위원단은 "극히 양호한 선거!"라면서 공식 논평을 통해 "전체적으로 보아 선거는 매우 원활히, 그리고 조직과 효율면에서 상당히 좋은 수준으로 진행되었다"고 발표하였다. 5·10총선을 통해 마침내

1948년 5월 10일, 유엔 감시하에 치른 자유총선거

198명의 국회의원이 뽑혔다.

총 200개 선거구 중에서 제주도 무장폭도들의 선거방해로 3개 선거구 중 2개 선거구에서 투표가 제대로 실시되지 못했기 때문이다. 이승만은 동대문 갑구에서 단독 입후보하여 무투표 당선되었다.

1948년 5월 31일 제헌국회가 임시국회의장 이승만의 사회로 개원하였다. 이승만 임시국회의장은 국회 개원식에서 "대한민국 독립민주국 제1차회의를 여기서 열게 된 것을 우리가 하나님에게 감사해야 할 것입니다. 종교, 사상 무엇을 가지고 있던지 누구나 오늘을 당해 가지고 사람의 힘만으로 된 것이라고 우리가 자랑할 수 없을 것입니다. 그러므로 하나님에게 감사를 드리지 않을 수 없습니다. 먼저 우리가 다 성심으로 하나님에게 감사를 드릴 터인데, 이윤영 의원 나오셔서 하나님에게 기도를 올려 주시기를 바랍니다"라며 하나님께 감사하는 기도로 대한민국 국회 개원회의를 시작하였다.

제헌국회 개원식장에서 행한 이윤영 의원(1880~1975, 서울 동대문구 국회의원, 목사, 1935년 평양지방감리사, 사회부장관)의 기도 전문은 이러하다.

"우리에게 독립을 주신 하나님!

이 우주와 만물을 창조하시고 인간의 역사를 섭리하시는 하나님이시여, 이 민족을 돌아보시고 이 땅에 축복하셔서 감사에 넘치는 오늘이 있게 하심을 주님께 저희들은 성심으로 감사하나이다.

오랜 시일 동안 이 민족의 고통과 호소를 들으시사 정의의 칼을 빼서 일제의 폭력을 굽피시사 하나님은 이제 세계만방의 양심을 움지기시고, 또한 우리 민족의 염원을 들으심으로 이 기쁜 역사적 환희의 날을 이 시간에 우리에게 오게 하심을 하나님의 섭리가 세계만방에 정시(正視)하신 것으로 저희들은 믿나이다.

하나님이시여, 이로부터 남북이 둘로 갈리여진 이 민족이 어려운 고통과 수치를 심원하야 주시고, 우리 민족 우리 동포가 손을 같이 잡고 웃으며 노래 부르는 날이 우리 앞에 속히 오기를 기도하나이다.

하나님이시여, 원치 아니한 민생의 도탄은 길면 길수록 이 땅의 악마의 권세가 확대되나 하나님의 거룩하신 영광은 이 땅에 오지 않을 수밖에 없을 줄 저희들은 생각하나이다.

원컨대 우리 조선 독립과 함께 남북통일을 주시옵고, 또한 우리 민생의 복락과 아울러 세계평화를 허락하야 주시옵소서.

거룩하신 하나님의 뜻에 의지하야 저희들은 성스럽게 택함을 입어 가지고 글자 그대로 민족의 대표가 되었습니다. 그러하오나 우리들의 책임이 중차대한 것을 저희들은 느끼고, 우리 자신이 진실로 무력한 것을 생각할 때 지(智)와 인(仁)과 용(勇)과 모든 덕(德)의 근원이 되시는 하나님 앞에 이러한 요소를 저희들이 간구하나이다.

이제 이로부터 국회가 성립이 되여서 우리 민족이 염원이 되는 모든 세계만방이 주시하고 기다리는 우리의 모든 문제가 원만히 해결되며, 또한 이로부터서 우리의 완전 자주독립이 이 땅에 오며, 자손만대에 빛나고 푸르른 역사를 저희들이 정하는 이 사업을 완수하게 하야 주시옵소서.

하나님이 이 회의를 사회하시는 의장으로부터 모든 우리 의원 일동에게 건강을 주시옵고, 또한 여기서 양심의 정의와 위신을 가지고 이 업무를 완수하게 도와주시옵기를 기도하나이다.

역사의 첫걸음을 걷는 오늘의 우리의 환희와 우리의 감격에 넘치는 이 민족적 기쁨을 다 하나님에게 영광과 감사를 올리나이다.

이 모든 말씀을 주 예수 그리스도 이름을 받들어 기도하나이다, 아멘!"(1948년 5월 31일, 오후 2시)

1948년 5월 31일, 제헌국회 개원

이 선거로 성립된 국회는 북한 지역 100개 선거구와 제주(濟州) 2개 지역선거구만 공석으로 둔 상태에서 198명 당선의원 전원이 참석한 가운데 1948년 5월 31일 임기 2년의 제헌국회 소집·개회되어 대한민국의 건국과업의 기초가 될 국호(國號)를 포함한 헌법과 정부조직법, 국가상징물로서의 국기(國旗)와 국가(國歌), 연호(年號) 표기 문제 심의에 착수함으로써 건국과업을 개시하였다.

그러나 그 당시 제헌국회는 정당정치에 관한 이해 수준도 낮았고, 또 김구 중심의 임정요인들의 일부가 조직적으로 제헌국회 선거에 불참했기 때문에 의회 구성은 무소속이 다수였다. 당시의 의석 상황을 정당 및 단체로 보면 대한독립촉성국민회가 55석, 한국민주당이 29석, 대동청년단 12석, 조선민족청년당 6석, 대한독립촉성농민총연맹 2석, 무소속 85석, 기타 11석으로 되어 있는데, 이 중에는 김약수(金若水)의 조선공화당도 포함되어 있다.

4. 제헌국회의 헌법 논의

제헌국회는 1948년 5월 10일 실시된 선거에서 당선된 국회의원 198명이 등록하여 5월 31일에 국회를 구성하고 헌법제정에 착수했다.

먼저 전규홍 국회선거위원회 사무총장의 개회선언과 등록된 의원 198명이 전부 다 출석했다는 보고가 있자, 노진설(盧鎭卨) 국회선거위원장이 "의원 가운데서 최연장인 이승만 박사를 임시의장으로 추대하는 것이 어떻습니까?"라고 제의, 이에 대해 의원 일동이 박수로 동의를 표하고, 이어서 임시의장의 사회하에 의장에 이승만과 부의장으로 신익희(申翼熙)와 김동원(金東元) 2인을 각각 선출하였다. 이날 회의는 이승만을 188표의 압도적인 지지로 국회의장으로 선출하고, 신익희와 김동원은 각각 2차 투표 끝에 과반수의 지지를 얻어 부의장으로 선출하여 곧바로 건국과업에 착수하였다.

본격적인 업무를 시작한 제헌국회가 우선적으로 처리해야 할 가장 중요한 과제는 헌법제정이었다.

이하 제헌국회가 건국의 기본이 되는 헌법과 정부 형태가 포함된 국호(國號)·국기(國旗)·국가(國歌)·연호(年號)를 순차적으로 정해 나가는 과정을 검토하기로 한다. 이 글에서는 제헌국회의 헌법 논의는 정치이론적 접근보다는 국회속기록을 토대로 분석함으로써 당시 의원들의 논쟁과 그 내용에 담긴 당시 의회의 수준, 시대의식 등을 파악하는 데 역점을 두었다.

1) 헌법제정의 경과 검토

국회의장에 당선된 이승만이 당면한 긴급한 과제는 무슨 일이 있더라도 8월 15일까지는 헌법을 제정하고 새 헌법에 따라 건국과업(Nation Building)을 완료한 후, 9월에 열리는 유엔총회에서 새 정부를 승인받는 일이었다.

6월 1일 이승만 의장의 사회로 열린 본회의에서 헌법을 비롯한 정부조직법 등 건국에 바로 필요한 입법과제를 다룰 기초위원 선출, 다시 말하면 헌법기초위원 선출의 건을 가장 시급한 의사 일정에 올려놓고 심의에 착수하였다. 기초위원을 선출할 전형위원 10인을 우선 각도별로 선출하고, 10인의 전형위원들은 30인의 기초위원을 선출한 후 위원장에 서상일(徐相日) 의원(대구 달성)을 선출하였다.

하지 장군의 공함(公函) 문제

제헌국회는 개회 초기에 두 가지 문제로 열띤 논쟁을 벌이게 되었다. 첫째 문제는 미군정 사령관인 하지 장군이 제헌국회의원들에게 다음 세 가지 사항을 고려하라는 내용의 편지를 보낸 사건이다.

소련과는 달리 미군정청은 유엔 감시하의 자유총선거 실시 후 제헌국회의 헌법 논의에 일절 관여하지 않았다. 그런데 하지 장군이 돌연 6월 1일 제헌의원 전원에게 개별적으로 다음과 같은 내용의 편지를 보낸 것이다. 하지는 5·10선거의 의의를 강조, "여러분들의 결단에 한국의 미래가 걸려 있다"며 "여러분이 정부조직 토의를 시작하려고 집회할 때에 가급적 신속히 고려해야 할 사항"이라며 세 가지 항목을 제시하였다.

(1) 국회가 소집되면 곧 결의문을 통하여 국회에 북한 대표 100명의 의석을 공식(公式)으로 두어 북한에서 합법적으로 선출된 대표들을 기다리고 있다는 것을 표명할 것.

(2) 국회는 조속히 유엔한국위원단과 연락을 취할 연락위원을 임명하여 조선독립정부 수립의 편의를 도모할 사명을 가진 위원단과 긴밀히 연락할 것.

(3) 국회가 한국 국민의 요구와 심리에 부적당한 형태의 정부를 세우는 그런 유의 헌법을 경솔히 채택함을 피할 것.[60]

이와 같은 하지의 서한에 대해 이승만 국회의장은 6월 2일 오전과 오후 두 차례에 걸쳐 강도 높게 비판하였다. 먼저 6월 2일 오전 발언

---

60) 1948년 6월 2일자 《朝鮮日報》에 하지 중장의 제헌의원에게 보낸 公函으로 상세히 보도되었다.

에서 이 의장은 하지 중장의 서한은 지난날의 신탁통치안을 그대로 떠올리게 하는 "대단히 지혜롭지 못한" 행동일 뿐만 아니라 "지각 없는 일"이라고 혹평하면서 이것은 "총선거를 반대했던" 사람들의 입지만을 강화시켜 주고, 이들에게 또 한 번 "민심을 선동시킬" 구실을 제공함으로써 결과적으로 "국회를 무력하게 만들고, 심지어는 우리 독립에도 좋지 못한 영향력을 미쳤다"고 분노하였다.

이어서 오후 발언에서도 이의장은 "우리 주권행사의 절대 존중"을 강조하면서 만약 여기에 간섭한다면 "우리는 의원직 사퇴도 불사할 결심"임을 밝히자 많은 의원들이 박수로 응답, 회의장은 마치 지난날 반탁운동의 열기를 그대로 재연하는 듯했다.[61]

이승만 의장이 이처럼 격노한 것은 자유롭게 선출된 국회의 자율능력을 무시 내지 경시하고 있는 듯한 하지 장군의 언동 속에서 강대국들이 한국을 신탁통치하자고 합의하여 오늘의 분단상태를 만든 원죄를 연상했기 때문이다. 또 미군정이 대한민국의 내정에 간섭하려는 태도를 보인 것 아닌가 하는 의구심도 느꼈던 것 같다.

결국 이승만은 하지 장군의 퇴진까지를 요구하는 분노를 표시함으로써 미군정청은 공함(公函)이 아닌 하지 장군의 사신이었다고 편지의 정치적 무게를 줄여 발표함으로써 사태의 무마를 시도했다고 한다.[62]

---

61) 김홍우, "제헌국회에서의 정부형태 논의", 《의정연구》 제3권 제1호(통권 제4호), p.208 재인용.
62) 신수용 한국정치사, sbnnews2020sus 11월 21일 21시 40:21제헌국회 해설에서 따옴.

제헌국회 헌법기초위원들

헌법 및 정부조직법 기초위원 선정

둘째 문제는 전형위원이 선출한 기초위원 30명의 선정에 대해 이의가 쏟아져 나온 것이다.

우선 지적된 문제는 기초위원으로 선정된 30인이 한국 사회 각 분야를 대표하는 데 미흡하다는 점이다. 몇 가지 예를 들어 보자.

한암희 의원(상주군 갑, 대한독립촉성회)은 노동자·농민을 대변할 인사가 포함되지 않았음을 지적하였다.

또 문시환 의원(부산시 갑, 조선민족청년단)은 기초위원 가운데 전진한·김약수 두 사람이 빠진 것은 도저히 납득할 수 없는 일이라고 공격하였다. 그는 전진한 씨는 "대한노총위원장으로서 다년 곤란한 노동자들을 대변했으며, 앞으로 건국에 있어서 노동자의 많은 이익을 위해 노력할 것이며, 김약수 씨는 한 정당의 당수입니다. 이분들을 '의회 법 및 규측 제정위원'으로는 선출해 놓고 가장 중요한 '헌법기초위원'으로는 선출치 않았는데 그렇게 된 배경을 설명하라"고 요구하였다.

뒤이어 등단한 김약수 의원(동래구, 조선공화당)은 "전형위원을 도별로 추대한 것은 헌법기관 운영이 소정파 중심으로 끌려가는 것을 막아 보자는 취지에서였는데 결국 기초위원 선정을 보니 도(道)와 더불어 정파 중심으로 흐르는 추세가 역시 대세를 이루는데, 제헌국회에서 다수를 점하는 신출 무소속 의원들과 헌법기초위원회가 잘 어울릴 수 있는가를 검토하려면 기초위원 명단을 오늘로서 확정짓지 말고 내일 오전에 재론하자"고 동의하였다.

"국회는 국민 대표기관이다"

이날 사회를 보던 신익희 부의장(광주군, 대한독립촉성회)은 국회는 각계각층의 대표기관이 아니라 전체 국민의 대표기관이라면서 "우리가 여기서 국민 각계각층을 망라했다는 말 자체가 성립되지 않습니다. 일반 국민을 표준으로 할 때는 각계각층이라고 말할 수 있지만 우리는 국민대표로 뽑혔다예요. 우리는 일반 대중이 아니다 그 말씀이에요. 여기에 무슨 각층 계급이 있어요? 여러분 이 자리가 무슨 자리예요? 우리가 이 자리에 앉을 때는 전남·전북의 대표가 아니라 전체 국민의 대표입니다"라고 피력하였다.

6월 3일에도 헌법 및 정부조직 기초위원 선정에 대한 논란이 이어졌다. 김교현 의원(보은군, 무소속)은 전형의원 스스로가 기초위원으로 들어간 것을 꼬집었다. 기초위원을 선정하라고 뽑힌 전형위원이 자기를 다시 기초위원으로 뽑은 것은 잘못이라고 날카롭게 힐난하였다.

이어서 최국현 의원(고양군 을, 무소속)은 선임된 기초위원 30명의 소속정당을 일일이 분석, 전형의 편파성을 신랄하게 꼬집는다. "이 사람이 사적으로 심사해 본 결과 독촉 11명, 한민당 9명이 나왔고, 조민당 1인, 단민당 1인, 노총이 하나, 민통이 하나, 무소속 19명이 되었습니다. 그런데 왜 전국성을 띤 민족청년단에서 6인이 당선되었는데 민족청년단은 제외했는가? 전국성을 띤 유도회에서 당선된 자가 있는데 왜 제외했는가? 또 기독교에서 출마한 사람이 있는데 왜 여기에서 제외했는가? 이렇게 제외된 숫자가 8할이나 되는데, 이것은 전형의 잘못"이라고 강도 높게 비판하였다.

이렇게 인선 문제를 놓고 논란이 길어지자 이날 사회를 맡은 이승만 의장은 우리는 첫째 민족대표로서 이 자리에 나왔지 특정정당이나 정파 대표로 나온 것이 아님을 분명히 하자고 말하고, 둘째로 전형위원이 자신을 기초위원으로 선출한 것이 사실이라면 이는 잘못된 것이니 시정해야 한다고 말하고 이 문제의 가부를 안건으로 상정, 표결 처리하자고 제안하였다. 그러나 표결 결과는 원안대로 받자는 의견이 가결되었다.

기초위원 30명 가운데 전형위원에서 기초위원으로 다시 선출된 사람의 명단은 다음과 같다. 윤석구·오용국·이윤영·유홍열·이종린·서상일·허정·최규옥 등 8명이다. 이런 표결은 한민당의 주도면

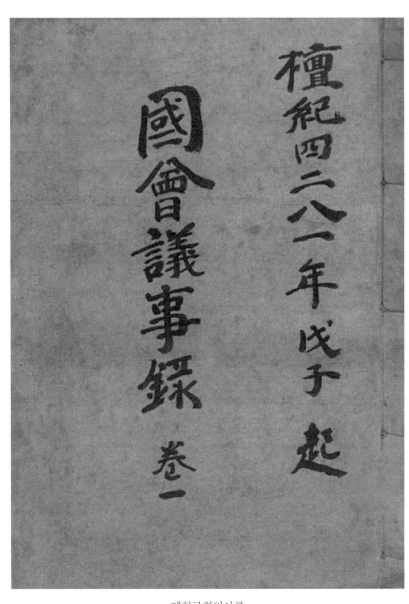

제헌국회의사록

밀한 노력의 결과였겠지만 어떻든 시끄러운 논란은 끝났다.

절차법 통과와 헌법심의에 착수

곧이어서 헌법기초위원회는 헌법심의를 위한 절차법으로 10개항 98개조의 국회법을 통과시키고, 헌법제정으로 정부가 탄생하기 전까지는 의장의 공포로 제헌국회가 의결한 법률이 효력을 발생하도록 의결하였다.

이승만은 의장 공포로 법률의 효력을 발생시키자는 신익희 안을 반대했지만, 표결 결과 의원 다수의 지지(178명 중 가 112, 부 3)로 가결되었다.

2) 헌법심의 개시

헌법기초위원회는 기초위원 30인과 유진오 교수를 포함한 전문위원 10인으로 구성하여 심의를 개시, 6월 18일부터 21일까지 기초한 헌법안을 본회의에 중간보고하였다.

특히 21일의 중간보고에서 서상일 위원장은 첫째, 헌법 초안은 23일에 가서야 국회에 상정될 수 있다는 점과 둘째, 그 이전까지 본회의는 휴회를 하든가 아니면 비공개회의로 전원회의를 열어 헌법의 원칙문제에 대해 토의할 수 있다는 의견을 밝혔다.

이에 윤재욱 의원(영등포구, 대동청년단)으로부터 본회의 휴회 동의가 있었고, 이석 의원(경주군 을, 대한독립촉성극민회)과 윤석구 의원(군산시, 무소속)의 재청·삼청이 있음으로 해서 휴회동의안이 상정되었다. 그리하여 이승만 의장은 서상일 위원장의 전원회의에 대해 보충발언을 하면서 이에 대한 지지를 호소하였다. 정준 의원(김포군, 무소속)과 박해정 의원(종로 을, 무소속)의 개의찬성, 재청이 뒤따랐다.

그러나 이윤영 의원(종로구, 대한독립촉성국민회)은 전원회의와 헌법기초위원회의 두 군데서 헌법 문제가 논의될 경우 중복과 혼란이 우려된다는 반론 제기로 결국 전원회의냐 휴회냐를 표결에 붙인 결과 휴회안이 175명 중 146명의 지지를 얻어 가결되었다. 결국 헌법기초위원회는 6월 23일 헌법 초안을 상정하기로 하고, 2일간 휴회에 들어갔다.

이승만은 아직 강력한 지도자는 아니었다

여기서 주목되는 것은 지난 5월 31일 개회하여 6월 21일까지 약 20일 동안 진행된 제헌국회에서 우선 이승만 의장의 영향력이 절대적일 것으로 추정된 것과는 달리 국회에서 그의 제안이 번번이 표결에서 저지당한 것이다.

예컨대 헌법 및 정부조직법 기초위원 선정에 대해 이승만이 제안한 수정안이 부결되었고, 헌법이 제정될 때까지 일체의 법률안은 의장이 정문에 서명함으로써 효력을 발생케 하자는 수정안에 이승만은 반대했지만 가결되었고, 비공개 전원회의를 열어 헌법안의 원칙 문제를 논의하자는 그의 제안도 부결된 것이다. 이때까지만 해도 이승만은 대다수 국민들에게 존경받는 지도자임에는 틀림없었지만 강력한 지도자는 아니었다는 것이다.

그러니까 국회는 사실상 한국민주당이 치밀한 주도로 다수의 무소속 의원들을 다독이면서 운영의 주도권을 쥐고 있었음이 분명하였다. 이러한 분위기에 대해 조봉암 의원은 의사진행 발언을 통해 국회가 보이지 않는 힘에 의해 끌려가는 느낌을 준다면서 한민당의 동태를 겨냥, 유감을 표시하기도 하였다.

3) 헌법 초안 상정

서상일 헌법기초위원장은 헌법기초안을 본회의에 상정하면서 초안 마련을 위해 대한민국 임시정부헌장과 현 민주의원이 정한 임시헌장, 과도입법의회에서 기초된 약헌(約憲) 등을 종합하고, 구미 각국이 현재 시행하고 있는 모든 법을 종합하여 원안이 기초(起草)되었으며, 6월 3일부터 22일까지 16차에 걸친 토의를 통해 원안과 참고안을 종합, 현재 안을 내놓게 되었다고 설명하고 모든 질문은 서면으로 받아 답변하겠다고 발표했다. 그는 이 자리에서 대한민국 헌법의 원칙 문제에 대해 언급하였다.

"우리의 노선은 두 가지밖에 없습니다. 독재주의 공산국가를 건설

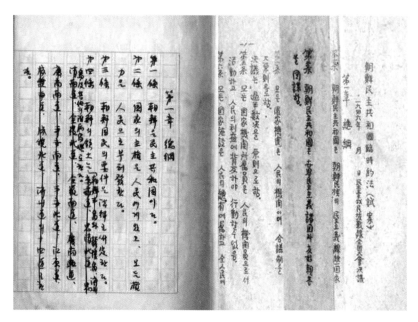
유진오 박사가 작성한 헌법안 초고

하느냐 민주주의 국가를 건설하느냐 하는 데 있어서 민주주의 민족국
가를 건설하려는 한 기본설계도를 여기에 만들어 내놓았습니다. 이
헌법의 제정은 우리들의 만년대계를 전망해서 유진오 위원들이 만든
원안을 기초로 해서 우리들 40인이 만든 것입니다. 헌법의 근본 정신
을 요약해서 말씀드리면, 우리들이 민주주의 민족국가를 구성해서 우
리 삼천만은 물론이고 자손만대로 하여금 현 시국에 적응한 민족사회
주의 국가를 이루자는 그 정신이 이 헌법에 총집되어 있다고 말할 수
있습니다."[63]

이어서 그는 헌법논의에서 제기되었던 쟁점들로 양원제와 단원제

의 이해득실, 내각중심제 또는 대통령중심제의 이해득실에 관한 보다 상세한 설명을 유진오 전문위원에게 부탁하였다. 이후에 계속된 헌법 심의는 총 14일간으로 6월 25일에 시작해서 7월 15일까지 계속되었다.

4) 대한민국의 국호 제정 문제

이 당시 제헌국회는 본회의가 다룬 헌법축조심의에서 대한민국을 상징할 국호(國號) 결정을 놓고 가장 긴 시간 동안 토론이 전개되었다.

국호 없는 헌법 만들기가 어렵기 때문에 임시의장으로 선출된 이승만은 개회연설에서 처음 모인 국회 첫 회의를 '대한민국 제36차 회의'로 호칭, 대한민국 임시정부의 법통이 계승되고 있음을 암시하였다. 이 발언이 발단이 되어 국회동의 없이 국호를 대한민국으로 정해 놓고 헌법 초안을 작성한 점을 문제삼아 국호의 타당성을 놓고 최초의 국회에서 다양한 견해가 쏟아져 나왔는데, 이는 지극히 자연스러운 현상이라 하겠다. 각 당과 각 단체를 대표하는 의원들이 토론에 참여해서 여러 가지 안을 검토하였으나 다수의 의견은 국호를 '대한민국'으로 정하자는 것이었다.

문제를 제기하는 측은 용어의 적절성과 역사성에 토론의 초점을 모

---

63) 서상일의 설명 가운데 제시된 민족사회주의가 무엇인지에 대해서는 따지는 질문이 없었지만 제헌헌법의 경제 조항 가운데 포함된 근로자의 이익 균점 조항에서 유추하는 것으로 보는 견해도 있다.(신수용, 앞의 글 참조)

았다.

우선 용어 시비로는 '대한민국은 민주공화국'이라고 할 때 이미 '대한민국' 속에 국가의 국체(군주국 아닌 민주국)와 정체(세습제 아닌 선출제)가 다 포함된 용어인데 왜 구태여 대한민국은 민주공화국이라는 규정을 둘 필요가 있느냐는 것이 그 첫째였다.

둘째는 '대한'이라는 이름은 청일전쟁을 종결시킨 시모노세키조약(제헌국회에서는 이를 마관(馬關)조약이라고 일컬었다)으로 생겼다가 한일합병으로 사라진 이름인데, 이를 꼭 나라를 새로 만드는 마당에 다시 사용할 필요가 있겠는가였다.

또 한 가지는 대한민국의 '대(大)'자를 국호 앞에 꼭 넣어야 할 필요가 있는가, 차라리 '한민국'이나 '한국'으로 하는 것이 보다 합리적이 아닌가를 놓고 한참 갑론을박이 진행되었다. 대영제국이나 대일본제국처럼 제국주의 잔재 같은 인상이 풍긴다는 것이었다.

국호의 역사성과 관련해서는 조봉암 의원(인천 갑, 무소속)이 문제를 제기하였다. 그는 "중경 임시정부 주석이던 김구 선생이 이미 지금 남조선에서는 대한민국 임시정부의 법통을 계승할 아무 조건도 없다고까지 반대 의사를 표시한 바도 있는 바이니 대한민국이라는 말은 역사적 합리성으로 보거나 체제로 보거나 형식적 법통으로 보거나 천만 부당합니다"고 말하였다.

조봉암 의원은 공산주의자였지만 항일 독립지사로서 월북한 남조선 로동당 당수 박헌영과 결별하고, 또 제헌국회 참가를 거부한 김구의 임시정부 계열과도 달리 제헌국회에 출마, 인천에서 제헌국회의원으로 당선되어 헌법기초위원으로 선출된 분이기 때문에 다른 의원들보다 무게 있는 발언으로 주목을 받았다. 그러나 그의 주장은 원내에서 공감을 얻지 못하였다. 지청천 의원(서울 성동구, 대한독립촉성국민회)은 "국회 개회식 때 의장 식사(式辭)에서 "우리는 3·1운동에 의하여 수립된 대한민국 임시정부를 계승한다"고 하였다. 이에 여러분이 박수로서 응대하고 이제 와서 고려니 조선이니 함은 조변석개도 분수 있는 것이다"고 강력히 비판하였다.

열띤 토론이 전개되었지만 다수의 의원들은 3·1독립운동의 목표가 대한독립이었고 일본에게 주권을 빼앗겼던 나라를 되찾은 것이 광복(光復)일진대, 우리나라의 국호를 대한민국으로 정한다는 데는 재론의 여지가 없다고 결론지었다.[64] 그러나 한민당은 고려공화국을 고수하였다. 헌법기초위원회의 국호 토론에 대한 표결 결과는 대한민국 17표, 고려공화국 7표, 조선공화국 2표, 한국 1표로 대한민국으로 확정되었다.[65]

이하 국호에 관련된 의원들의 주목된 발언들을 속기록을 중심으로 몇 개 간추려 약기한다.

---

64) 이진수 의원(양주 을, 무소속)은 대한민국 국호로 외교권·국토권·경제권을 되찾아야 한다고 강조했다. 출처: 김홍우, "제헌국회에서의 정부형태론 논의", 〈의정연구〉 제3권 제1호(통권 제4호), 1997년, pp.203~248.
65) 앞의 글 신수용의 《한국정치사》 중에는 한민당이 고려공화국을 국호로 정했음을 지적하고 있다.

(1) 17차 회의, 헌법 초안에 대한 헌법기초위원회 위원장 서상일 의원
의 헌법안 요강 설명

"이 원안은 제1장으로부터 10장까지 전조가 1조로부터 102조까지
인데 제1장 총칙에 국호 문제가 말이 많았습니다. 대한민국으로 하느
냐, 고려공화국으로 하느냐, 혹은 조선이라고 이름을 정하느냐, 아니
면 대한이라고 하느냐 하는 국호 문제가 많이 논의가 되었던 것을 여
러분에게 말씀드립니다."

(2) 18차 회의, 헌법기초안 보고 후 의원들의 서면질의에 대한 서상일
기초위원장 답변

"헌법 초안 제1조에 국호를 대한이라고 정한 의의와 근거가 무엇이
냐? 이것은 곽상훈 의원이 질의하였습니다. 그 다음에는 권태희 의원
이 물었습니다. 여러분이 아시다시피 대한이라는 말은 우리나라가 청
일전쟁중에 마관(馬關)조약에서 썼던 것을 역사적으로 잘 아실 것입니
다. 그때에 대한이라고 이름을 정한 것이올시다. 그래서 그것이 다시
한일합병으로 말미암아 대한이라고 하는 글자는 없어지게 된 것이올
시다. 그러나 그동안 우리나라에 일정한 국호가 없었던 것인 만큼 또
그후에 3·1혁명 이후에 우리나라에서도 해외에 가서 임시정부를 조
직해서 그때도 대한이라고 이름을 붙여 내려온 것입니다.

또 이 국회가 처음 열릴 때에 의장 선생님으로부터 여러분에게 식
사(式辭)를 말씀하시는 끝에도 '대한민국 36년'이라는 연호를 쓴 관계
로 이 헌법 초안에도 아주 누가 이렇게 국호를 정해라, 저렇게 하라고

정할 수가 없어서 대한이라고 그대로 인용해서 실용한 것으로 생각하는 바입니다. 그만한 정도로 답변해 드립니다.

그 다음에 제1조에 대한이라는 대(大)자를 관사로 사용하면 군주국의 기분이 있지 않을까? 그 말은 저희들도 그렇게 생각합니다. 대자라고 하는 말은 크다는 말입니다. 대영제국이나 과거에 있어서 대일본제국이니 해서 그 대자로 말할 것 같으면 유전적 그 대명사라고 해서 관사로 볼 수 있는 글입니다. 또 그 의원께서 물으신 바와 같이 저 개인에 있어서도 오늘에 있어서 대자라고 하는 것은 비민주적이라고 하는 것이 표시가 되여 있지 않을까 합니다.

그 다음에는 민주공화국과 공화국이라고 하는 차별이 어디 있느냐, 이것은 박해정 의원(경북 경산, 무소속)이 물으신 말씀이올시다. 대개 나라에 있어서는 국체와 정체가 있는 것이올시다. 국체라고 하는 것은 군주국이냐 민주국이냐고 하는 것이 국체를 말하는 것이올시다. 그 다음으로 정체라고 하는 것은 공화국이냐 군주국이냐 전제국이냐 또 입헌국이냐 하는 등등 규정하는 것은 정체를 구분하는 바입니다.

그러면 오늘에 있어서는 지금 주권이 과거에 군주 1인에게 있었던 것이 삼천만 민중에게 다같이 노나저진(나눠진) 것으로서 이 헌법에 규정된 바와 같이 우리나라 주권은 국민에게 있다고 규정하였읍니다. 그래서 우리나라는 물론 국체로서 민주공화국이 될 것이올시다. 또 정체로서는 공화국이라고 할 수 있겠읍니다. 그런 것으로서 간단히 답변해 드리는 바올시다."

(3) 20차 회의, 서용길 의원 발언

"제1장 제1조에 대한민국은 민주공화국이다, 그랬습니다. 거기에 국호에 대한민국이라는 그것을 반대하는 사람이올시다. 또 하나 그 아래 민주공화국이라는 그것을 전문위원이 설명하실 때에 공화국에는 독재공화국도 있고 민주공화국도 있으나 민주공화국이라 했다고 하는 설명을 들었습니다. 그러면 대한민국이라는 그 민국은 물론 대답하기를 명사라 하겠지만 그 대한민국이라는 명사 속에는 민주라는 것이 내포되어 있는 옥상가옥으로 여기에 다시 민주공화국으로 할 이유가 없는 줄 압니다.

국호로 대한민국이라 하고, 그 이유로 3·1혁명의 정신을 계승한 그때 세계에 대한이라 했고, 의장께서 개회사에 대한이라 말씀을 쓰셨기 때문에 기초위원회에서 대한이라고 한다고 하는 설명을 들었습니다. 이 대한이라는 이것은 본 의원이 길게 설명할 필요도 없이 여러분이 잘 아시는 것과 마찬가지로 문자 그대로 배 안의 병신이올시다. 하니까 마관강화조약에서 놓고 말하기를 망한 이름입니다.

법조의 법통을 계승하는 의미에서 대한민국을 써야 된다고 합니다. 그러한 법통을 계승하는 것이면서도 계승하는 것이 아니라 현실 자체가 계승이라면 거기에 대해서는 의견이 없을 줄 알아요. 현실이란 무엇이냐, 3·1혁명 당시에 임시정부 대통령으로 계시는 이승만 박사가 자율적인 국회에 의장으로 계시는 사실 이것은 법통을 계승했다고 봅니다. 이런 의미에서 대한민국이라는 국호를 반대하는 것이올시다."

(4) 20차 회의, 진헌식 의원 발언

"국호는 국가의 대외적 표현이므로 차에 대한 논의가 분분함은 당연한 사실입니다. 대한민국은 3·1혁명투쟁을 통하야 조성된 국호이며, 이 역사적 광영을 가진 국호야말로 대내적으로는 민족통일의 기초가 되고 대외적으로는 민족투쟁의 긍지가 될 것으로 믿습니다. 국호는 대한민국으로 해야 됩니다."

(5) 20차 회의, 최운교 의원(논산, 무소속) 발언

"한 가지 국호 문제에 있어서는 이 대한민국이라 하거나 무어라 하거나 그 국호에 있어서는 법률가로서는 능히 할 수 없는 일이요, 학자로서 능히 할 수 없는 일이요, 오직 국민으로부터 울어나는 표현이 국호이여야 되겠읍니다. 국민과 학자에 연구가 여기에 대해서는 아직도 상당한 기한을 두고 헌법이 통과될 때까지 우리 국민에게 라디오·신문·잡지를 통해서 일반 국민·학자·법률가의 총의에서 울어나오는 참신한 국호를 내걸기를 이 자리에서 이 헌법의 전문에 있어서나 조문에 있어서나 국민의 전통을 강조시키고 요구하고 우리에 전통성과 역사성을 표시하야 헌법에 표시하야 쓰는 것을 요구하고 싶읍니다."

(6) 20차 회의, 이원홍 의원(합천군 갑, 대한독립촉성화국민회) 미발언 원고 등재

"국호는 대한민국을 습용하는 것이 정당하다고 생각합니다. 대한이라 하든지 고려라 하든지 조선이라 하든지 모다 일장일단이 있는 한

거족적이었든 3·1독립정신과 대한 임시정부 법통 계승의 원칙하에서, 또는 개회 벽두에 의장 이승만 박사께서 개회사와 선서문 중에 대한민국이라고 언급하시여 대한민국이 천하에 공포되고 있는 관계로 보아서 새삼스럽게도 달른 국호를 정하지 말고 대한민국이라고 습용하는 것이 정당하다고 생각하는 바입니다."

(7) 20차 회의, 조국현 의원(전남 화순, 대한독립촉성회) 발언
"우리는 국호에 대하야 대한이라고 하는 것을 저는 찬성할 뿐만 아니라 반드시 써야 할 것이라고 주장합니다. 왜 그러냐 하면 우리의 독립이 영국의 식민지 인도와 같이 독립하는 것이냐, 미국의 식민지 비율빈과 같이 독립하는 것이냐 하면 그건 그런 것이 아니예요.

왜냐하면 일본에게 침략당했든 대한을 차자서 광복하자는 것일 것입니다. 이 광복의 의미는 이민족에게 뺏기였든 주권을 찾는 것을 광복이라고 하는 것이기 때문에 중국의 송태조 조광윤을 비롯하야 명태조 주원장과, 중화민국 손일선 등이 거란족·몽고족·만주족으로부터 주권을 찾아서 자기 한족끼리 국가 수립하는 것을 모다 광복이라고 명칭하였읍니다.

나는 이런 의미에서 국호 대한을 찬성하는 동시 반드시 국호 대한이라고 쓰지 아니하면 아니될 것이라고 적극 주장하는 바이올시다. 혹은 말씀하시기를 대한은 일본놈이 먹기 위하야 일청(日淸)전쟁에 승리한 후 생긴 이름이니 창피해서 쓸 수가 없다고 말한 이가 있읍니다마는 그것은 대단한 과오라고 나는 생각합니다.

왜 그러냐 하면 그 사람은 자기의 집을 자기가 반드시 지은 것이라야만 자기의 집이라고 부를 것이고, 자기가 만일 짓지 않았다면 목수 집이라고 부른다는 것과 다름이 없습니다. 설사 자기의 집을 자기가 짓지 못하였다 하더래도 대지권·건물권·주거권의 3대 요건이 구비한 것이라면 반드시 자기 집이올시다.

(중략)

왜 그러냐 하면 우리는 그럴수록 우리 대한의 국호를 찾어내서 기여코 써야만 그 통열하고 격분한 자손만대에 끼쳐 준 모욕을 역사적으로 시처 버릴 것이 떳떳한 일이올시다. 예를 들면 8·15 이전에 우리 민족은 강제로 왜적에게 창씨를 9할 이상이 당하지 아니하였습니까? 나는 안하였읍니다만은. 8·15 그날부터서는 누구의 명령이나 지시를 받지 않고, 즉 속김산이나 황목이니 등등의 2,3의 왜성을 버리고 자기의 본성을 찾어서 썼는 것이 민족적 양심입니다.

다시 말하면 자기의 창씨당한 본성이 창피하다고 김가니 이가니 모다 버리고 고대의 고결한 성자, 고구려의 을지(乙支)씨를 취하고, 백제의 흑치(黑齒)씨를 택하고, 신라의 대실(大室)씨를 갖다 자기의 성을 삼었다는 이는 하나도 보지 못하고 듣지도 못하였습니다. 그와 마찬가지로 우리는 여기에 이론할 것 없이 국호를 대한으로 정하는 것이 바로 국민의 본분이라 생각합니다.

혹은 또 말씀하시기를 대한은 제국주의적이다, 대청이니 대영이니 등등의 칭호와 같다. 그래서 쓸 수가 없다라고 합니다마는 그것은 그렇지 않습니다. 우리는 과거 삼천 년 전부터 대한이라고 써서 온 것만은 역사가 증명합니다.

(중략)

혹은 또 말씀하기를 대한민국 임시정부는 그때에 토지도 없고, 인민도 없고, 주권도 없었다. 그래서 쓸 수가 없다라고 한 이가 있읍니다마는 그것은 참말 유치하기가 짝이 없는 말씀이요. 왜 그러냐 하면 제2차대전 당시 영국 런던에 망명하였든 벨기에 · 덴마크 등등의 9개국 정부는 무슨 토지와 인민과 주권의 3대 요소가 구비하였습니까? 그 천경은 우리 대한민국과 똑같은 현실이었읍니다. 그러나 대전 종결에 따라서 그네들은 각기 복국할 때 독일에게 망한 나라 일흠이니 모욕적이라 해서 국호를 개정한 나라는 하나도 없읍니다.

만일 모욕적이라고 해서 대한 국호를 고친다면 강제 창씨를 당한 본성도 모욕적이니까 다른 성자로 고치자는 것과 일반이라는 것을 말씀하여 둡니다. 그런고로 우리 국호는 대한을 절대 주장하는 바이올시다.

여러분, 우리는 세계 무비한 기미 3·1운동의 민족정신을 잠시라도 기억하지 않으면 안 됩니다. 우리는 제1차대전 후 민족자결주의에 의하야 대한독립을 고창하고 세계만방의 시청을 용동케 하는 그 운동이야말로 세계 약소민족의 독립운동의 광구임은 현명하신 의원 제씨도 잘 아신 바와 같이 인도 불복종운동보담 1년을 앞서지 아니하였읍니까?

여러분 우리는 이 거룩한 대한민국의 헌법을 제정해서 하로라도 바삐 중앙정부를 수립한다면 우리의 3·1기념일을 세계 20억 인구 중

3분지 2 되든 약소민족들은 모다 우리와 같이 기념할 것을 예기하는 바이올시다. 이 3·1운동은 세계 노동자가 기념하는 5·1(메이데이) 기념보담 몇 층 더 훌륭한 것이올시다.

여러분, 우리는 또 과거 36년을 기억하십니까? 대한이라고 말만 하여도 쓰기만 하여도 악독한 왜적은 가두고 때리고 죽이고 하는 가진 잔학, 가진 형벌을 당하지 아니하였읍니까? 모다 우리 대한을 찾자는 것이올시다. 우리의 순국선열은, 우리의 애국지사는, 우리의 대한임정은 무엇 때문이었읍니까? 모다 우리 대한을 찾자는 것이올시다.

현명하신 여러분, 우리 대한을 광복하는 오늘에 있어서 새삼스럽게 다른 국호로 변경하는 것이 옳다고 생각하십니까? 이것은 절대 불가한 것이올시다. 우리는 대한민국의 국호를 씀으로써 거룩한 3·1운동을 살려내며 세계에 천양하고 대한 임정의 법통을 계승하야 반만년 찬란한 역사를 접속하는 의미에서 나는 우리 국호를 대한이라고 생명을 놓고 절대 주장합니다. 만일 여러 의원 중에서 고려니 조선이니 하는 국호를 가지고 운위한다면, 나는 그때마다 이 자리에 나와서 일일히 배격할 것을 보류하고 나려갑니다."

(8) 20차 회의, 박순석 의원 발언

"다만 국호에 대해서 잠간 말씀을 드리겠읍니다. 이제 제가 말씀을 드리려고 하는 요지는 아모쪼록 지금 현실에서는 대한이라는 두 글자를 쓰는 것을 말씀을 드리려고 합니다.

왜 그러냐 하면 우리의 정신이 대한에서부터 나온 것이올시다. 이 대한을 잊어버리고는 이준 선생 이하 여러 선열의 그 정신을 찾기 위하야 해외에서 무한한 피를 흘려가면서 이 이름을 찾을려고 했든 것이예요. 이것을 찾는 것이 우리의 사명이란 말예요. 우리가 오랫동안 이 대한을 찾기 위하야 힘써 나온 우리가 이제 찾는 경로에 섰으니 찾는 이때에 좋은 이름이 있다 할지라도 다음 기회를 봐서 생각을 한다고 할 것 같으면 지금은 그 정신 그대로 나가지 아니하면 안 되리라고 생각하는 것이올시다.

또 하나는 우리가 보는 바와 같이 태극기는 순전히 대한 때 쓰든 태극기를 그대로 쓰고 있읍니다. 고친다는 안이 있다면 이름만 고치는 점이 어데 있는지 모르겠읍니다.

(중략)

그럼 제가 주장하는 것은 이 국회에 대해서 또한 38 이북을 통일하야 우리 국가를 완전히 독립될 때 한자리에 앉어 고친다 할진대 지금은 그대로 나가는 것이 선열들 정신과 완전히 합칠 수 있다는 정신에서 그대로 나가야겠다 이것을 말씀드리는 바이올시다. 그외에 현실을 무시하고는 내용을 고칠 수 없다는 것을 깊이 알아야 합니다.

먼저 조선 사정을 밝힌 연후에 조선에 관한 문제를 해결해야 될 터인데 조선이 좋은 길을 나간다고 하면 여러분이 부치는 여러 문제가 다 적당하다고 보겠읍니다마는 오늘 현실에 이렇게 좋은 길에 서 있지 않음에도 불구하고 좋은 국가가 된 것과 같이 이름을 지으려는 것은 현실을 떠난 생각이라 아니할 수가 없읍니다."

(9) 20차 회의, 장병만 의원(경북 칠곡, 대한독립촉성국민회) 미발언
원고

"본인은 대한민국의 국호에 대하야 절대적으로 찬성합니다. 그 이유를 열거하면 의원 제위 중에서 대(大)자는 제국주의적이라고 하지마는 이것은 이유가 되지 않습니다. 자전에서 찾아보더라도 대자가 제국주의라고 해석된 것은 없습니다. 그리고 대한민국은 3.1운동 이후로 30여 년간이나 계승하여 왔고, 전번에 국회 개원시에 의장 선생께서 임정 법통의 정신을 계승한다 하였고, 그뿐 아니라 현금 국내에서 각 방면으로 대한으로 사용한 것은 사실이 증명하는 바이올시다. 그러면 우리 국민은 입에 익고 귀에 익은 국호를 그대로 사용하는 것이 제일로 좋을 줄 생각합니다.

역사적으로 보드라도 삼한시대에는 우리 근역에 제일 자유시대였나이다. 이상 여러 가지 점으로 고찰한다면 대한이 제일로 좋을 줄로 인정합니다. 근 40년간이나 왜정하에 사용하든 조선은 우리 역사상의 치욕이며 혹 어떤 분은 고려를 주창하는 분도 있으나 고려는 500년 전의 옛 나라이올시다. 금일에 있어서 새로 사용하겠다는 것은 틀린 일인 줄 아나이다. 그리고 왜적에게 빼앗기였든 국호를 다시 찾는 길도 우리 국민의 의무라고 생각하나이다."

(10) 21차 회의, 최봉식 의원(울산 갑) 발언
"제1조 원문 '대한민국은 민주공화국이다'를 '한은 민주공화국이다'로 개정할 것, 대민국 3자는 한문이다. 고대 국법과 여히 국호를

대한민국이라고 말한다면, 하지마는 지금은 국호와 정체와 국체를 종합하야 명칭하난 데 있어서는 민국이나 민주나 동일한 의미요. 대한이란 대자는 존칭에 불과함으로써 상기 3자를 삭제하여도 대한민국은 존속된 바요, 삼천만 대중의 일상 서취에 간편케 할 수 있으므로서 개정을 요합니다."

(11) 21차 회의, 조봉암 의원(인천 을구, 무소속) 발언

"제1장 총강에 대하여, 총강에 특징적으로 주목을 끄는 것은 대한민국이라는 국호 표시와 인민을 일률적으로 국민이라는 어구로 표시된 점입니다. 대한민국은 민주공화국이다 했는데 소위 민주공화국에 대한이란 대는 아랑곳이 없는 것입니다. 대한이란 말이 곡 필요하다면 한국도 좋고 우리말로 한나라라고 해도 좋을 것을 큰 대(大)자를 넣은 것은 봉건적 자존 비타심의 발상이요. 본질적으로는 사대주의 사상의 표현인 것뿐입니다.

또 일부 논자는 대한민국 임시정부의 법통 계승 문제와 결부해서 생각하는 모양인데 우리 인민의 대표가 여기서 헌법을 만들고 새나라를 건설함에 있어서는 을사조약 이래로 민족정기로써 강도 일본 제국주의 침략에 반대투쟁한 해내·해외에서의 수백만의 애국 동포와 선열의 혁명적 투쟁의 전통과 그 정신을 계승하매 혁신적이고 진취적인 신흥국가를 건립하자는 것이고 어떠한 명의를 답습함이 목적도 아니고 본의도 아닌 것입니다.

더욱이 중경 임정의 주석이든 김구 선생이 이미 지금 남조선에서는

대한민국의 법통을 계승할 아무 조건도 없다고까지 반대 의사를 표시한 바도 있는 바이니 대한민국이란 말은 역사적 합리성으로 보거나 체제로 보거나 형식적 법통으로 보거나 천만부당합니다.

그런데 일부 논자(서상일 의원 등)가 이 국회 개원일에 임시의장 이승만 박사께서 식사(式辭) 중에 대한민국의 법원(法源) 운운한 것을 그 문자 그대로 옮겨쓰기를 주장하는 듯합니다.

대체 국호와 같은 중대한 것은 인민 전체, 적어도 인민의 대표기관인 국회에서 논의·결정될 것이지 어느 개인이 임의로 국호를 지여내서 마음대로 쓸 수 있는 성질의 것이 아닙니다. 더욱이 당시의 임시의장이든 위대한 정치가이신 이승만 박사께서 그렇게 법에 어그러지고 경우에 틀리는 처사를 하실 리가 만무합니다.

그는 어디까지나 혁명적 투쟁의 전통을 고조하는 남어지에 그러한 표현을 한 것에 불과한 것으로 믿습니다. 이렇게 일시 잘못된 표현을 합리화해 가지고 그것이 무슨 법전인 것같이 대한민국을 고집하는 것은 매우 유감된 일입니다."[66]

(12) 22차 회의, 이승만 의원, 조봉암 의원 발언

이승만 의장: "그 다음은 국호 개정 문제인데 국호 개정이 잘 되었다고 독립이 잘 되고, 국명이 나쁘다고 독립이 잘 안 될 것은 아니고 그런 것은 문제가 안 됩니다. 그래서 이 국호 개정이 제일 시간이 많이

---

66) 조봉암 의원의 발언은 임시정부 법통 논리에 구애받지 말고 항일혁명운동사의 맥락에서 새 국가를 만들자는 견해였다.(김홍명, 〈의정연구〉 제3권 제1호, p.216)

걸리기 때문에 나는 1분 동안이라도 빨리 우리 헌법 통과시켜야 될 것이니까 그것 잘 아시도록 내가 부탁하는 겝니다. 그러니까 국호는 차차 국정이 정돈되어 가지고 거기에 민간의 의사를 들어 가지고 대다수의 결정에 의하여 그때 법으로 작정하는 것이 좋으리라고 생각합니다. 그러니까 국호 문제에 있어서는 다시 문제 이르키시지를 말기를 또 부탁하는 것입니다."

조봉암 의원: "의장께서 말씀하신 것 잘 들었습니다. 시방 설명하신 말씀 중에는 이 국호는 이 다음에 우리 정부를 만들어 논 후에 국호를 어떻게 하자, 왜 그렇게 급하게 자꾸 그러느냐고 그런 말씀을 하시였는데, 의장께서 국호를 지금 정하지 않아도 좋은데……."

조봉암 의원: "의장께서 말씀하신 바와 같이 제1조 국호에 대해서는 이래요. 전 민족, 우리 민족이 다 그렇게 만족치 않을 것이니 요 다음에 제정하는 것이 좋다고 그렇게 주장합니다. 의장 선생님의 의견에 대단히 찬성하고, 제1조를 지금에 있어서는 정하지 말자고 개의합니다."

이승만 의장: "이것을 내가 설명할 때에 미 분명한 때문에 국호를 다르게 고친다는 얘기지 지금까지 써오던 국호를 그냥 작정을 말자는 얘기는 아닙니다. 설명이 잘못되어서 그런 모양이니까 지금 이 조문은 그런 조문이 있으니까 서로 국호를 고칠 필요가 있다면 두었다가 이 다음에 하자는 의도입니다."

(13) 22차 회의, 김병회 의원(전남 진도, 무소속) 발언

"대한민국이란 국호에 대해서는 저는 의견을 달리하고 있었읍니다. 그러나 방금 말씀하신 봐와 같이, 이 국호를 잘 여러 가지로 논의한다는 것은 곤란한 점이 있기 때문에 대한민국에 대해서 이의가 없읍니다.

제1조에 대한민국은 민주공화국이다 했읍니다. 민국, 민주공화국, 저는 그 용어에 대해서 잘할 필요가 있는 것입니다. 민국이라는 것은 결국 민주국을 의미한 것이요. 민국은 역시 공화국을 의미하기 때문에 저는 '대한민국은 공화국이다' 라고 이렇게 고쳐서 통과하자는 개의입니다. 민주를 빼자는 것입니다." (재청한 의원 있음.)

(14) 22차 회의, 조헌영 의원 발언

"그런데 국호를 대한이라고 했는데 왜 이 한반도라고 쓰느냐 이런 말씀인데, 이것이 기초위원회에서도 말이 났드랬읍니다. 우리가 여기서 구별해야 할 것은 나라 이름과 땅 이름을 구별해야 합니다. 예를 들자면 서반아는 마리깜반도에 있고, 또 서전은 시칸지나비아반도에 있읍니다. 그러면 우리는 이 대한이라고 우리나라를 이름을 지었읍니다. 한반도라고 하는 것은 우리의 땅 이름을 지적한 것입니다. 그러므로 여기에 문제되는 것은 우리 이 반도의 모든 명사로 무엇이 통용이 되느냐, 일본 사람은 조선반도라고 하였고 또 국제적으로는 통용된 것은 고려반도로 되어 있읍니다. 그러나 우리가 한국시대의 노래에 보면 한반도라고 된 것이 많이 나와 있읍니다.

가령 이런 노래가 분명히 있읍니다. 한반도나 조선반도나 고려반도라고 하는 것은 우리나라 반도의 모든 명사로 어느것을 취하겠느냐 이런 것이 운위되었읍니다. 그리고 이왕 우리가 한이라고 하는 것을 우리가 과거에 있어서 표시하기를 한반도라고 하는 말을 썼으니까 고려반도라든지 또 조선반도라든지 하는 것보담 한반도도 우리의 영토를 고유명사로 정하는 것이 좋다고 해서 여기에 한반도라고 된 것이올시다.

그러니까 이 조선반도의 모든 명사로써 이름이 한(韓)이 좋으니 조선이 좋으니 고려가 좋으니 하는 것을 운운하는 것은 좋지만 국호를 택할려고 해서 우리의 국호 명사까지 꼭 그것을 따라간다고 하면 국호를 고치는 대로 자꾸 땅 이름으로 고쳐야 합니다.

그러니까 이 점을 고려해서 우리가 생각해야 합니다. 우리의 한반도라고 하는 것은 아까 말씀들인 바와 같이 우리의 영토의 모든 명사를 국제적으로도 한반도라고 우리가 통용하도록 하고 장래의 지리책에도 종래에 조선반도라고 하는 것을 한반도라고 고치고, 그러니까 여기에 결국 말씀을 많이 내시지 마시고 원안대로 한반도라고 하는 것이 대단히 좋을 줄로 압니다."

(15) 28차 회의, 의장 이승만 발언

"이제 보고하려는 것은 무엇인고 하니 외국 손님들이 잘못하면 의아하게 생각할 것이 무엇이냐 하면 우리 국호를 대한민국이라고 한 것에 대해서 외국 사람들이 우리나라를 생각하기를 고려(KOREA)라고 했읍니다. 예전부터 우리나라 이름에 대해서 고려라고 했읍니다. 우리 국호를 대한민국으로 한 것은 새로 국호를 고친 것이 아니라 기미년에 왜놈들이 조선이라고 한 것이 진절머리가 나서 우리는 대한민국이라고 선포했던 것입니다.

그래서 그 대한민국의 그 계승을 받기 위해서 그대로 한 것이지 이번에 대한민국이라고 한 것은 국호를 고친 것이 아니라 기미년의 그대로 한 것이니까, 고려라고 하는 것을 고친 것이 아니고 그대로 한 것이니까 국호의 이름을 고치지 않았다는 것을 신문에 내서 외국 사람들도 국호를 고치지 않은 것이라고 양해하도록 사무국에 지시해서 영문으로 공문을 만들어서 공포하도록 지시합니다."

5) 헌법과 정부형태(권력구조) 문제

특히 제헌국회가 헌법심의에서 가장 중시한 부분은 정부형태를 어떻게 정할 것인가였다.

당초 시안은 의원내각제 헌법을 선호하는 분위기가 강했지만 독재 방지와 민주적 권리신장이라는 법리적 측면과 효율적인 건국과업 달성으로 민생 문제를 해결하고 안보 문제, 나아가 통일 문제도 빨리 해결해야 한다는 정세론적 관점을 놓고 열띤 토론이 이어졌다. 아울러 국회를 양원제로 할 것인가, 단원제를 할 것인가를 놓고도 법리적 관점과 정세론적 관점이 충돌했다. 그러나 최종 결론은 국회는 단원제로 하고, 정부형태는 대통령중심제에 내각제적 요소를 가미하는 것으로 결론이 났다.

결론이 이렇게 도출되는 과정은 결코 쉽지 않았다. 총 58명 의원이 대체토론에 나섰는데, 국회의 양원제보다는 단원제 선호가 훨씬 많았지만 앞으로 대통령제 운영과정에서 부작용이 야기될 경우 양원제로 국회를 바꿀 필요도 있을 것이라는 논의도 비중 있게 토론되었다. 또 내각제에 관해서는 대통령중심제 지지와 거의 대등한 수준으로 찬성 의견도 많았다.

당초 이승만은 정부형태 즉 권력구조를 놓고 본회의가 열띤 논쟁의 장이 되어 국론이 크게 분열되는 것을 피하고 원내의 중진들 간에 적절한 사전합의의 필요성을 감안, 헌법기초위원회의 심의와 병행해서 비공개 전원회의를 제안했다. 그러나 표결 결과 전원회의를 열지 않고 본회의를 휴회키로 결정되자 이승만은 원내에서는 발언을 아끼고 6월 7일 국회의장으로 취임한 뒤 최초로 가진 기자회견에서 정부형태에 관한 소신을 기자들 질문에 대한 답변 형식으로 밝혔다. 그리고 그 내용을 가지고 기초위원 중의 전문위원과 중진들을 설득하는 데 주력하였다.

이승만의 첫 기자회견 요지

"지금 영국이나 일본에서 하고 있는 제도가 내각책임제라 할 것인데, 영국이나 일본은 군주정체로 뿌리가 깊이 박힌 나라일 뿐만 아니라 갑자기 왕?, 그러나 우리나라에서는 그러한 관념이나 제도는 이미 30여 년 전에 민주제도를 실시할 것을 세상에 공포한 이상 우리는 민주정체로서 민주정치를 실천해야 할 것이다. 대통령을 군주같이 앉혀 놓고 수상이 모든 일에 책임을 진다는 것은 비민주적이다. 이렇게 하면 히틀러·뭇소리니·스탈린 같은 독재정치가 될 우려가 있음으로 찬성하지 않는다. 민중이 대통령을 선출한 이상 모든 일은 잘하든 못하든지 대통령이 책임을 지고 일을 해나가야 하지 그렇지 않다면 사실에 맞지 않는다. 그러나 국회에서 국무총리를 두는 내각책임제 헌법이 통과된다면 나도 이에 추종하게 될 것이다."

이날 기자들이 대통령 선거를 국회에서 하게 되든지 인민투표로 할 것인지를 물었다. 이에 대해 "지금 다시 인민으로부터 선거하기가 곤란한 만큼 국회에서 선출하자는 설이 유력하다"고 답했다.

정부형태에 관한 이승만의 막후 설득작업

그러나 헌법 초안의 대세가 의원내각제 쪽으로 기울자 이승만 본인이 전문위원 대표인 유진오나 권승렬을 만나 자기의 소신을 내놓고 대통령중심제를 관철시키는 노력을 막후에서 전개했다고 언론들은 보도하였다. 그러나 이 당시까지만 해도 이승만과 한국민주당 간에 권력구조를 놓고 사전에 충분한 협의가 이루어졌다는 근거는 없었다.

결국 의회에서 갑론을박의 과정을 거치면서 최종적으로는 국회의장 이승만, 한국민주당의 김성수, 유진오 전문위원 간의 막후담판을 통해 국무총리가 각료추천권을 행사하는 내각제와 대통령제를 절충하는 형태의 헌법안이 가까스로 마련되었다.[67] 여기에서 정부형태에 관한 국회의 토론과정을 속기록을 중심으로 살피기로 한다.

정부형태와 권력구조에 관한 원내토론

제헌국회의 정부형태 토론에서 비교적 강경하게 대통령제를 비판, 반대한 의원으로는 김약수 의원(동래, 조선공화당)과 조봉암 의원(인천, 무소속)이 눈길을 끌었다.

김약수 의원은 중남미 제국이 다른 지역에 비해 혁명이나 쿠데타가 빈발한 이유는 대통령제 때문이라며, 대통령제 시행에서 오는 불만을 혁명으로밖에 풀 수 없는 상황이 조성될 수 있다면서 대통령의 독주·독재를 막고 정국 안정을 위해서는 내각제가 바람직하다고 강력하게 주장하였다.

조봉암 의원은 우리 헌법이 만국공통의 '인민'이라는 좋은 표현 대신에 '국민'이라는 표현을 쓴 것은 적절하지 못하다고 지적하고, 헌법 초안에 담긴 대통령제는 행정부 우월주의를 내세워 국회 권한을 최소화하여 대통령 독재를 불러올 요소를 내포한다고 비판하고 자기는 "미국식 대통령제보다는 불란서식 대통령제를 선호"한다면서 "정치적 책임은 내각에 맡기고 대통령은 국민 통합의 상징적 존재"가 되는 이원집정제가 바람직하다고 강조하였다.[68]

---

67) 신수용 한국정치사(27) 건국헌법, 초안은 내각제… 이승만의 대통령제 고집 (2020년 11월 21일, SBN뉴스) 인용.
68) 김홍명의 앞서의 책, pp.217~219.

곽상훈 의원(인천 갑구, 무소속)은 정부형태 토론에서 맨 처음 초안에 찬성 발언을 하였다. 그는 헌법 초안을 적극 지지하면서 "우리는 아직 남북이 통일된 완전 자주독립국가가 아니기 때문에 중앙정부를 신속히 조직, 완전 자주독립을 전취(戰取)하기 위해 연일 회의를 계속하고 있다"고 밝히고, "독립 전취의 가장 빠른 길은 대통령에게 전권을 줘서 독립 전취 투쟁의 앞잡이로 내세우는 것"이라고 강조하고 당면 현실의 필요에 비추어 단원제와 대통령제가 반드시 관철되어야 한다고 주장하였다.

정부형태 토론의 말미에 등단한 김준연 의원(영암, 한민당)은 우리나라는 지금 변동기 상황이기 때문에 만사를 과감, 신속히 처리하기 위해 국회는 단원제로 해야 하며, 국민들이 우리 200명 의원을 선출한 까닭은 중앙정부를 빨리 수립하라는 요구이기 때문에 대통령을 우리 의원들 손으로 선출하는 간선(間選)밖에 도리가 없음을 이해해야 한다고 말했다.

(1) 진헌식 의원(연기군, 대한독립촉성국민회) 발언

"우리의 현재 입장을 고려할 때 국회는 단원제가 실정에 부합되기 때문에 반다시 단원제여야 합니다. 아울러 우리가 신생국가 건설에 있어서 더구나 쇄신과 추진을 희망한다면 대통령책임제를 추진하는 것이 가장 적절한 결정이다. …끝으로 대통령책임제는 곧 독재를 초래한다는 오해가 있는 듯하나 헌법에 의하여 국민의 기본권이 보장되고 입법권이 엄존한 이상 대통령은 여하한 경우에도 군주주의에서와 같은 전제나 독재를 할 수 없을 것이며 미국에서 입증되었다."

(2) 박우경 의원(영동군, 무소속) 발언

"원칙적으로 대통령제를 찬성하지만 초안 18조의 국무총리와 국무위원은 대통령이 임면한다는데 이 조항에서 국무총리는 반드시 국회의 동의를 얻어야 의회와 대통령 사이의 조절이 가능할 것이다."

(3) 강욱중 의원(함안군, 조선민족청년단) 발언

"이 헌법이 대통령으로 어떤 인물을 가상해 놓고 그 인물을 기초(基礎)로 기초(起草)하지 않았는가 하는 의혹이 있다. 국무원책임제를 확인해서 정부가 부패할 때는 국회에서 불신임을 행사하고, 국회가 부패할 때는 정부가 해산권을 행사해서 이 정치를 언제나 생생하고 언제나 쇄신적인 그러한 정권을 만드는 것이 좋을 줄로 생각해서 대통령책임제보다는 국무책임을 주장합니다. 동시에 국회에서 행정부의 수반을 뽑는 것은 법리상 모순이기 때문에 초대 대통령은 국회에서 뽑지만, 다음부터는 국민이 직접 선출하는 것이 좋을 줄 압니다."

(4) 이주형 의원(밀양군 갑, 대한독립촉성국민회) 발언

"현 우리나라 국내정세를 감안한다면 당분간 대통령책임제를 취하는 것밖에 다른 선택의 여지가 없어 보이지만, 국가권력이 거의 대통령 한 사람에게 집중되어 있는 것은 심히 우려되는 사항이다. 현재 몇 개 조문에 대해서는 수정안을 내겠다."

(5) 조병한 의원(문경군, 무소속) 발언

"원칙적으로 단원제를 찬성하며 내각책임제가 우리 민족의 여러 방면에서 가장 타당한 것으로 보며 국무총리는 반드시 국회의 동의를 얻어 임명해야 하며, 국무위원들도 국회의 동의를 얻어 임명해야 한다."

(6) 이원홍 의원(합천군, 대한독립촉성국민회) 발언

"건설초의 우리나라에 있어서는 대통령책임제가 적당합니다. 대통령제를 취했을 때 국회와 대통령이 대립하면 혁명 이외에는 아무 해결책이 없다면서 남미의 예를 말하는데 대통령제라고 해서 반드시 혁명이 있는 것이 아니요, 내각제라고 해서 혁명이 없는 것도 아닙니다. 미국은 대통령제를 실시하고 있으나 혁명이 일어난 일이 없고, 어떤 내각제 나라에서는 혁명이 자주 일어나고 있음을 역사가 증명하는 바이니, 혁명의 원인은 대통령제에 있는 것이 아니고 민족성 여하에 큰 원인이 있는 것입니다.

그리고 우리의 헌법 초안은 단순한 대통령제로만 볼 수 없고, 대통령제와 내각제의 중간을 취한 독특한 헌법이 되고 있습니다. 대통령제를 실시하고 있는 다른 어떤 나라에서도 그 예를 볼 수 없는 국무원이라는 합의체를 설치하여 대통령이 그 한 구성원이 되며 의장이 되어 중요 국책을 합의 결정하는 동시에 국무에 관한 행위에 대하여는 문서로 하여 관계 국무위원이 부서하게 되고, 또한 대통령은 국회에 출석하여 발언을 할 수 있으며, 문서로 연락을 취하도록 되어 있고, 대통령 또는 기타 국무위원의 큰 실책이 있을 때에는 탄핵판결에 의하여 진퇴를 결정할 수 있습니다. 그러므로 대통령은 결코 독재를 쓸 우려가 없다고 생각합니다."

(7) 송봉해 의원(해남군 갑, 대한독립촉성국민회) 발언

"대통령책임제를 지지하되 초대에 한해서 국회의 간접선거가 요망된다. 그 이유는 현실에 있어서 직접선거는 난관이라고 예상한다. 만일 지금 직접선거를 한다면 대혼란을 초래할 것이다. 그 증거는 금번 국회의원 선거를 실시할 때 혼란이 야기되어 180여 명의 경찰관이 참살당했고, 민족진영에서 허다히 살상을 당했다. 여기에 비추어 이번에 대통령 선거를 실시해 대혼란을 초래한다면 정부는 수립되지 못하고 연기될 것이다. 만일 정부가 수립되지 못하고 연기된다면 언제 38선을 철폐하고, 민생 문제를 해결할 것인가. 이런 난점을 제거하고 조일일(早一日) 속히 독립정부를 수립하려면 금번 초대만큼은 간접선거를 찬성한다."

(8) 조중승 의원(단양군, 무소속) 발언

"국가를 세우는 데는 첫째로 이름이 발러야 하고, 둘째로 강령이 튼튼히 서야 하고, 그 다음에 나가는 길이 밝어야 하고, 그 다음에 민생 문제에서 여러 가지 해결이 있어야 한다. 정부는 대통령직선제로 하되 국무총리와 국무위원은 국회의 동의를 얻어서 임명해야 한다."

(9) 조규갑 의원(김해 을, 무소속) 발언

"대통령제와 단원제를 찬성한다. 반민족행위자 처벌의 범위를 확대하여 1945년 8월 15일 이후에도 경제적으로 우리 민생을 악질적으로 도탄에 빠쳐서 혼란기를 이용해 자본가가 돼 있는 그 사람에 치중하여 처벌하는 그 문구를 넣은 것이 좋겠다."

(10) 정부형태 토론의 말미에 등단한 김준연 의원(영암, 한민당) 발언

"우리나라는 지금 변동기 상황이기 때문에 만사를 과감, 신속히 처리하기 위해 국회는 단원제로 해야 하며 국민들이 우리 200명 의원을 선출한 까닭은 중앙정부를 빨리 수립하라는 요구이기 때문에 대통령을 우리 의원들 손으로 선출하는 간선(間選)밖에 도리가 없음을 이해해야 한다."

전문위원으로서 답변에 나선 유진오 씨는 국회의 동의를 받아 국무총리를 임명케 하고 국무총리로 하여금 내각을 추천케 함으로써 대통령제의 부작용을 막는 장치를 해놓았기 때문에 대통령중심제에 의원내각제를 가미한 헌법 초안은 의원들의 발언 취지를 큰 테두리 내에서 수렴, 반영한 것이라고 말했다.

이문원의 발언 파동

그러나 정부형태 토론에서 일어난 가장 큰 파동은 이문원 의원(익산을, 무소속)이 대통령의 직선과 양원제, 내각제를 요구하면서 당초 내각책임제로 되어 있던 헌법 초안이 대통령중심제로 번안(飜案)되어 국

회심의에 상정된 것은 '간부진영의 배후조종' 때문이라면서 진상을 밝히라고 요구한 데서 비롯되었다.

그는 이름을 거명하지는 않았지만 '이승만 의장의 요구'를 암시하면서 내각제를 대통령제로 바꾸는 번안 동의가 성립되어 헌법기초위원회가 마련한 내각제가 하룻밤 사이에 바뀌었다면서 법리보다는 정세론에 기울어져 정부형태를 바꾼 것은 잘못된 처사라고 신랄하게 공격하고, 그 경위를 밝히라고 헌법기초위원장에게 따져 물었다.

이 발언을 놓고 서상일 기초위원장은 이문원 의원의 발언이 헌법기초위원회를 모욕했다고 문제삼으면서 취소와 사과를 요구했고, 다른 헌법기초위원들도 나서서 국가의 기본법 제정에 필요한 모든 요소를 고려한 끝에 내려진 결론을 특정인의 의사에 좌우된 것처럼 왜곡한 발언이라고 규탄하고 사과와 취소를 요구했다. 결국 이문원 의원의 발언 파동은 일단 그의 사과로써 수습되었지만 정부형태를 둘러싼, 당시 제헌국회를 둘러싼 논의의 흐름의 일단을 엿볼 수 있다.[69] (이문원 의원은 그후 국회프락치사건의 주모자로 구속되었다가 한국전쟁으로 풀려나자 자진 월북하였다.)

심의 결론

헌법 초안 심의토론에 나선 의원들의 발언 취지를 안건별로 종합하

---

69) 김홍우, "제헌국회에서의 정부형태론 논의", 〈의정연구〉 제3권 제1호(통권 제4호), 1997년, pp.203~248 재인용.

면 아래와 같다. 대통령제 찬성 26인, 내각제 찬성 17인, 단원제 찬성 15인, 양원제 찬성 3인, 기타 29인으로 집약된다. 합의된 내용을 간추리면

(1) 국호(國號)는 대한민국으로 한다.

(2) 태극기에 관한 규정은 헌법에 명시하지 않는다.

(3) 교육 조항은 중고등까지로 늘리자는 주장도 있었지만 표결 끝에 '적어도 초등교육은 의무교육으로 한다'로 합의.

(4) 대통령이 국무총리와 국무위원을 임명한다는 68조를 놓고 11개의 수정안이 제출되었지만 '대통령이 국회의 동의를 얻어 국무총리를 임명하고, 신국회가 개회했을 경우 다시 국회의 동의를 얻어야 한다'로 합의.

(5) 건국과정에서 반드시 이룩해야 할 농지개혁을 단행할 근거 규정으로서 '농지는 농민에게 분배한다'는 조항을 제86조에 규정해 두었다.

(6) 1948년 8월 15일 이전의 악질적 반민족행위자 처벌을 위해 특별법을 제정하자는 원안에 더해 8월 15일 이후의 악덕 간상배도 처벌하자는 수정안은 부결하고 원안을 통과시키는 등의 과정을 거쳤다.

이상 헌법심의를 거쳐 대한민국은 1948년 7월 12일 제28차 회의에서 전문 포함 103조 헌법안을 전원 기립으로 심의, 제3독회를 완료하고 같은 날짜로 상정된 행정조직법도 7월 16일자로 심의가 완료되어 7월 17일 역사적인 공포를 보게 되었다.

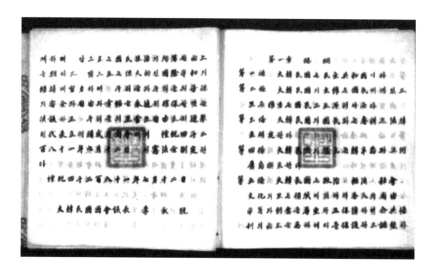

제헌헌법 사본

이후 사태는 급진전하여 7월 20일 제헌국회에서 이승만이 대통령, 이시영(李始榮)이 부통령에 당선되고, 24일에는 중앙청 광장에서 대통령 취임식이 거행되었으며, 11부처의 장관이 차례로 임명됨으로써 대한민국 정부가 탄생하였다.

제헌국회의 헌법안 심의는 총체적으로 보아 법리적 측면과 당시의 정세론적 측면, 즉 한국이 당면한 국내외 도전 상황까지를 고려한 심의로 진행되었다는 면에서 자율성이 돋보였다. 다만 헌법기초위원회가 정부형태를 대통령중심제로 변안할 때 이승만 대통령의 카리스마적 위세가 영향을 미친 것은 사실이지만 전체적인 헌법심의와 표결과정에서는 강박이나 위협이 전혀 없이 의원 개개인의 자유 의사에 따라 표결이 이루어졌다는 것은 자랑스럽게 기억할 만하다.[70]

이승만 대한민국 대통령 취임선서 및 취임사

사무총장 전규홍: "지금은 대통령 취임선서가 있겠습니다."

(대통령 등단, 일동 박수)

대통령 이승만: "나 이승만은 국헌을 준수하며 국민의 복리를 증진하며 국가를 보위하여 대통령의 직무를 성실히 수행할 것을 국민과 하나님 앞에 엄숙히 선서한다. 대한민국 30년 7월 24일. 대한민국 초대 대통령 이승만."

(일동 박수)

사무총장 전규홍: "지금은 대통령 취임사가 있겠습니다."

(이승만 대통령 등단, 일동 박수)

"여러 번, 죽었든 이 몸이 하나님 은혜와 동포의 애호로 지금까지 살어 있다가 오늘에 이와 같이 영광스러운 추대를 받는 나로는 일변 감격한 마음과 일변 감당키 어려운 책임을 지고 두려운 생각을 금하기 어려웁니다.

기쁨이 극하면 우슴이 변하야 눈물이 된다는 것을 글에서 보고 말로 들었던 것입니다. 요사이 나에게 치하하러 오는 남녀 동포가 모다 눈물을 씻으며 고개를 돌립니다. 각처에서 축전 오는 것을 보면 모다 눈물을 금하기 어렵다 합니다.

나는 본래 나의 감상으로 남에게 촉감될 말을 하지 않기로 매양 힘

---

70) 김홍우, 앞의 글, pp.247~248.

쓰는 사람입니다. 그러나 목석간장(木石肝腸)이 아니니만치 나도 뼈에 매치는 눈물을 금하기 어렵습니다.

이것은 다름 아니라 40년 전에 잃었던 나라를 다시 찾는 것이오, 죽었던 민족이 다시 사는 것이 오늘 이에서 표명되는 까닭입니다.

오늘 대통령 선서하는 이 자리에 하나님과 동포 앞에서 나의 직책을 다하기로 한층 더 결심하며 맹서합니다.

따라서 여러 동포들도 오늘 한층 더 분발해서 각각 자기의 몸을 잊어버리고 민족 전체의 행복을 위하야 대한민국의 시민 된 영광스럽고 신성한 직책을 다하도록 마음으로 맹서하기를 바랍니다.

여러분이 나에게 맡기는 직책은 누구나 한 사람의 힘으로 성공할 수 없는 것입니다. 이 중대한 책임을 내가 감히 부담할 때에 기능이나 지혜를 가지고 나서는 것이 결코 아니며, 전혀 애국 남녀의 합심 합력함으로만 진행할 수 있을 것을 믿는 바입니다.

이번 우리 총선거에 대성공을 모든 우방들이 칭찬하기에 이른 것은 우리 애국 남녀가 단순한 애국 성심으로 각각 직책을 다한 연고입니다. 그 결과로 국회 성립이 또한 완전무결한 민주제도로 조직되어 2, 3정당이 그 안에 대표가 되었고, 무소속과 좌익 색태(色態)로 지목받는 대의원이 또한 여럿이 있게 된 것입니다.

기왕 경험으로 추측하면 이 많은 국회의원 중에서 사상 충돌로 분쟁·분열을 염려한 사람들이 없지 않았던 것입니다. 그러나 중대한 문제에 대하야 종종 극렬한 논쟁이 있다가도 필경 표결될 때에는 다 공정한 자유 의견을 표시하야 순리적으로 진행하게 됨으로 헌법 제정과

정부조직법을 다 공의대로 종다수 통과된 후에는 아모 이의 없이 다 일심으로 복종하게 되므로 이 중대한 일을 조속한 한도 내에 원만히 처결하야 오늘 이 자리에 이르게 된 것이니 국회의원 일동과 전문위원 여러분의 애국 성심을 우리가 다 감복하지 않을 수 없는 것입니다.

나는 국회의장의 책임을 이에 사면하고 국회에서 다시 의장을 선거할 것인데 만일 국회의원 중에서 정부 부처장으로 임명될 분이 있게 되며, 그 후임자는 각기 소관 투표구역에서 갱선보결(更選補缺)하게 될 것이니 원만히 보결된 후에 의장을 선거하게 될 것이며 그동안은 부의장 두 분이 사무를 대임할 것입니다.

따라서 이 부의장 두 분의 그동안 의장을 보좌해서 각 방면으로도 협의 진행케 하신 것을 또한 감사히 생각합니다.

국무총리와 국무위원 조직에 대해서 그간에 여러 가지로 낭설이 유포되었으나 이는 다 추측적 언론에 불과하며, 며칠 안으로 결정 공포될 때에는 여론상 추측과는 크게 같지 않을 것이니 부언낭설(浮言浪說)을 많이 주의하지 않기를 바랍니다.

우리가 정부를 조직하는 데 제일 중대히 주의할 바는 두 가지입니다.

첫째는 일할 수 있는 기관을 만들 것입니다.

둘째는 이 기관이 견고히 서서 흔들리지 아니해야 될 것입니다.

그러므로 개인의 사회상 명망이나 정당·단체의 세력이나 또 개인 사정상 관계로 나를 다 초월하고 오직 기능 있는 일꾼들이 함께 모여 앉아서 국회에서 정하는 법률을 민의대로 수행해 나갈 그 사람끼리 모여서 한 기관이 되어야 할 것이니 우리는 그분들을 물색하는 중입니다.

어떤 분들은 인격이 너무 커서 적은 자리에 채울 수 없는 이도 있고, 혹은 적어서 큰 자리를 채울 수 없는 이도 있으나 참으로 큰 사람은 능히 큰 자리에도 채울 수 있고 적은 자리도 채울 수 있을 뿐 아니라 적은 자리 차지하기를 부끄러하지 않습니다.

이렇게 참 큰 인물들이 있어 무슨 책임을 맡기든지 대소와 고하를 구별치 않고 적은 데서 성공해서 차차 큰 자리에 올으기를 도모하는 분들이 많아야 우리의 목적이 속히 도달될 것입니다. 이런 인물들이 함께 책임을 분담하고 일해 나가면 우리 정부 일이 좋은 시계 속처럼 잘 돌아가는 중에서 업적을 많이 나타낼 것이요, 세계의 신망과 동정이 날로 증진될 것입니다.

그런즉 우리가 수립하는 정부는 어떤 부분적이나 어떤 지역을 한하지 않고 전 민족의 뜻대로 전국을 대표한 정부가 될 것입니다.

기왕에도 말한 바이지만 민주정부는 백성이 주장하지 않으면 그 정권이 필경 정객과 파당의 손에 떨어져서 전국이 위험한 데 빠지는 법이니 일반 국민은 다 각각 제 직책을 행해서 우선 우리 정부를 사랑하며 보호해야 될 것이니 내 집을 내가 사랑하고 보호하지 않으면 필경은 남이 주인 노릇을 하게 됩니다. 과거 40년 경험을 잊지 말어야 될 것입니다.

의로운 자를 옹호하고 불의한 자를 물리쳐서 의(義)가 서고 사(私)가 물러가야 할 것입니다. 전에는 임금이 소인을 가까히하고 현인을 멀리하면 나라가 위태하다 하였으나, 지금은 백성이 주장이므로 민중이

의로운 사람과 불의한 사람을 명백히 판단해서 구별해야 할 것입니다.

승인 문제에 대하야는 그 권리가 우리에게 있는 것이 아니므로 우리가 판단할 수는 없으나 우리의 순서가 이대로 계속 전진된다면 모든 우방의 호의로 속히 승인을 얻을 줄로 믿는 바입니다.

그러나 우리가 주의하는 바는 승인을 얻는 데 있지 않고 먼저 국권을 공고히 세우는 데 있나니 모든 우방이 기대하는 바를 저바리지 아니하고 우리가 잘만 해나가면 우리의 요청을 기대리지 않고 자발적으로 도우며 후원할 것이니 이것도 또한 우리가 일 잘하기에 달린 것입니다.

9월에 파리에서 개최하는 유엔총회에 파견할 우리 대표단은 특별히 긴중(緊重)한 책임을 가지니만치 가장 외교상 적합한 인물을 택하야 파견할 터인데 아직 공포는 아니하였으나 몇몇 고명한 인격으로 대략 내정되고 있으니 정부조직 후에 조만간 완전 공포될 것입니다.

우리의 대표로 〈레이크썩쎄스〉에 가서 많은 성적을 내고 있는 임영신(任永信) 여사에게 대해서는 우리가 다 고맙게 생각하는 바입니다. 여기서 우리가 재정 후원도 못하고 통신상으로 밀접히 후원도 못한 중에 중대한 책임을 그만치 추취(追就)시킨 것은 우리는 다 영구히 기념하게 될 것입니다.

이북 동포 중 공산주의자들에게 권고하노니 우리 조국을 남의 나라에 부속하자는 불충한 사상을 가지고 공산당을 빙자하야 국권을 파괴하려는 자들은 우리 전 민족이 원수로 대우하지 않을 수 없나니 남의 선동을 받어 제 나라를 결단내고 남의 도움을 받으려는 반역의 행동을 버리고 남북의 정신통일로 우리 강토를 회복해서 조상의 유업을 완전히 보호하여 가지고 우리끼리 합하야 공산이나 무엇이나 민의를 딸어 행하는 것이 좋을 것입니다.

기왕에도 누누히 말한 바와 같이 우리는 공산당을 반대하는 것이 아니라 공산당의 매국주의(賣國主義)를 반대하는 것이므로 이북의 공산주의자들은 이것을 절실히 깨닫고 일제히 회심개과(悔心改過)해서 우리와 같이 같은 보조를 취하야 하로바삐 평화적으로 남북을 통일해서 정치와 경제상 모든 복리를 다같이 우리끼리 하기를 바라며 부탁합니다. 만일에 종시 깨닫지 못하고 분열을 주장해서 남의 괴뢰가 되기를 감심(甘心)할진대 종차는 천의와 인심이 결코 방임치 않을 것입니다.

대외적으로 말하면 우리는 세계 모든 나라와 다 친선해서 평화를 증진하며 외교통상에 균평한 이익을 같이 누리기를 절대 도모할 것입니다. 교제상 만일 친소(親疏)에 구별이 있다면 이 구별은 우리가 시작하는 것이 아니요, 타동적(他動的)으로 되는 것입니다. 다시 말하자면 어느 나라이던지 우리에게 친선한 나라는 우리가 친선히 대우할 것이오, 친선치 않게 우리를 대우하는 나라는 우리도 친선히 대우할 수 없을 것입니다.

과거 40년간에 우리가 국제상 상당한 대우를 받지 못한 것은 세계 모든 나라가 우리와 접촉할 기회가 없었던 까닭입니다. 일인(日人)들의 선전만을 듣고 우리를 판단해 왔었지마는 지금부터는 우리 우방들의 도움으로 우리가 우리 자리를 찾게 되었던 우리가 우리말도 할 수 있고 우리 일도 할 수 있나니 세계 모든 나라들은 남의 말을 들어 우리를 판단하지 말고 우리 하는 일을 보아서 우리의 가치를 우리의 중량대로만 정해 주는 것을 우리가 요청하는 바이니 우리 정부와 민중은 외국의 선전을 중요히 여겨서 평화와 자유를 사랑하는 각국 남녀로 하여금 우리의 실정을 알려주어서 피차에 양해가 있어야 정의(情意)가 상통하여 교제가 친밀할 것이나 이것이 우리의 복리만 구함이 아니오, 세계평화를 보장하는 방법입니다.

새 나라를 건설하는 데는 새로운 헌법과 새로운 정부가 다 필요하지마는 새 백성이 아니고는 결코 될 수 없는 것입니다. 부패한 백성으로 신성한 국가를 일우지 못하나니 이런 민족이 날로 새로운 정신과 새로운 행동으로 구습을 버리고 새 길을 찾아서 날로 분발 전진하여 지나간 40년 동안 잃어버린 세월을 다시 회복해서 세계 문명국과 경쟁할 것이니, 나의 사랑하는 삼천만 남녀는 이날부터 더욱 분투용진해서 날로 새로운 백성을 이룸으로서 새로운 국가를 만년 반석 우에 세우기로 결심합시다.

대한민국 30년 7월 24일. 대한민국 대통령 이승만."

(대통령 취임식, 제1회 제34차, 48년 7월 24일)

이승만 대통령의 건국기념사

이승만 대통령은 7월 24일 대통령에 취임함으로써 대한민국 정부 수립을 완료하고, 이어 1948년 8월 15일 대한민국의 건국을 중외에 선포하였다. 이 자리에서 이승만 대통령은 민주국가 대통령으로서 자기의 신념과 철학을 내외에 발하는 건국기념사를 발표하였다.

"외국(外國) 귀빈(貴賓) 제씨(諸氏)와 나의 사랑하는 동포 여러분.

8월 15일 오늘에 거행하는 式(식)은 우리의 해방을 기념하는 동시에 우리 民國(민국)이 새로 誕生(탄생)한 것을 兼(겸)하여 慶祝(경축)하는 것입니다 이날에 동양에 한 古代國(고대국)인 대한민국 정부가 회복되어 40여 년을 두고 바라며 꿈꾸며 투쟁하여 온 결실이 표현되는 것입니다. 그러므로 오늘 이 시간은 내 평생에 제일 緊重(긴중)한 시기입니다.

내가 다시 고국에 돌아와서 내 동포의 自治(자치) 自主(자주)하는 정부 밑에서 자유 공기를 호흡하며 이 자리에 서서 대한민국 대통령의 자격으로 이 말을 하게 되는 것입니다. 그러나 내 마음에는 대통령의 존귀한 지위보다 대한민국의 한 公僕(공복)인 職責(직책)을 다하기에 두려운 생각이 앞서는 터입니다. 우리가 목적지에 도달하기에는 앞길이 아직도 험하고 어렵습니다.

4천여 년을 自治(자치) 自主(자주)해 온 역사는 막론하고 世人(세인)들이 남의 宣傳(선전)만 믿어 우리의 독립자치할 능력에 대하여 疑問(의문)하던 것을 금년 5월 10일 전 민족의 民主的(민주적) 自決主義(자결주의)에 의한 전국총선거로 우리가 다 淸掃(청소)시켰으며, 모든 妨害(방해)와 支障(지장)을 一時惡感(일시악감)이나 落心(낙심) 哀乞(애걸)하는 상태를 보지 아니하고 오직 忍耐(인내)와 正當(정당)한 행동으로 극복하여 온 것이니 우리는 이 태도로 連續(연속) 進行(진행)하므로 앞에

1948년 8월 15일,
이승만 초대 대통령이 중앙청에서 대한민국 정부 수립 기념사를 하고 있다.

많은 支障(지장)을 또 일일히 이겨 나갈 것입니다.

　조금도 우려하거나 退縮(퇴축)할 것도 없고, 昨日(작일)을 痛忿(통분)
히 여기거나 오늘을 기뻐하지만 말고 내일을 위해서 노력해야 될 것
입니다. 우리가 앞에 할 일은 우리의 애국심과 노력으로 우리 민국을
반석 같은 기초에 둘 것이니 이에 대하여 공헌과 희생을 많이 한 男女
(남녀)는 더 큰 희생과 더 굳은 결심을 가져야 될 것이오, 더욱 굳센 마
음과 힘을 다하여 다만 우리의 평화와 안전뿐 아니라 온 인류의 안전

과 평화를 위해서 힘써야 될 것입니다. 이 建國(건국) 基礎(기초)에 要素(요소)될 만한 몇 조건을 간단히 말하려 하니

1. 民主主義(민주주의)를 全的(전적)으로 믿어야 될 것입니다.

우리 국민 중에 혹은 독재제도가 아니면 이 어려운 시기에 나갈 길이 없는 줄 생각하며 또 혹은 공산분자의 파괴적 운동에 중대한 문제를 해결할 만한 지혜와 능력이 없다는 觀察(관찰)로 독재권이 아니면 方式(방식)이 없다고 생각하는 이도 있으나 이것은 우리가 다 遺憾(유감)으로 생각하는 것입니다.

目下(목하)에 사소한 障碍(장애)로 因緣(인연)해서 永久(영구)한 福利(복리)를 줄 민주주의에 方針(방침)을 無效(무효)하게 만드는 것은 우리가 결코 허락지 않을 것입니다. 獨裁主義(독재주의)가 自由(자유)와 振興(진흥)을 가져오지 못하는 것은 역사에 증명된 것입니다.

민주제도가 어렵기도 하고 또한 더디기도 한 것이지만 義(의)로운 것이 終末(종말)에는 惡(악)을 이기는 理致(이치)를 우리는 믿어야 할 것입니다. 민주제도는 세계 우방들이 다 믿는 바요, 우리 親友(친우)들이 전제정치와 싸웠고 또 싸우는 중입니다. 세계의 眼目(안목)이 우리를 들여다보며 역사에 거울을 채용하기로 30년 전부터 결정하고 실행하여 온 것을 또 간단 없이 실천해야 될 것입니다. 이 제도로 성립된 정부만이 인민의 자유를 보장하는 정부입니다.

2. 民權(민권)과 個人(개인) 自由(자유)를 보호할 것입니다.

民主政體(민주정체)에 要素(요소)는 개인의 根本的(근본적) 자유를 보호하는 것입니다. 국민이나 정부는 항상 주의해서 개인의 언론과 집회와 종교와 사상 등 자유를 극력 보호해야 될 것입니다. 우리가 40여 년 동안을 왜적의 손에 모든 학대를 받아서 다만 말과 행동뿐 아니라 생각까지도 자유로 하지 못하게 되었던 것입니다.

그러나 이것은 우리 민족이 절대로 싸워 온 것입니다. 우리는 개인 자유활동과 자유판단권을 위해서 쉬지 않고 싸워 온 것입니다. 우리를 壓迫(압박)하는 사람들은 由來(유래)로 저의 나라의 專制政治(전제정치)를 고집하였으므로 우리의 民主主義(민주주의)를 主張(주장)하는 마음이 더욱 굳어져서 속으로 민주제도를 배워 우리끼리 진행하는 사회나 정치상 모든 일에는 서양 민주국에서는 방식을 模範(모범)하여 自來(자래)로 우리의 共和(공화)적 사상과 습관을 慇懃(은근)히 발전하여 왔으므로 우리의 민주주의는 실로 뿌리가 깊이 박혔던 것입니다. 共和主義(공화주의)가 30년 동안에 뿌리를 깊이 박고 지금 結實(결실)이 되는 것이므로 굳게 서 있을 것을 믿습니다.

3. 자유의 뜻을 바로 알고 尊崇(존숭)히 하며 限度(한도) 내에서 행해야 할 것입니다.

어떤 나라이든지 자유를 사랑하는 知識階級(지식계급)에 進步的(진보적) 思想(사상)을 가진 청년들이 정부에서 계단을 밟아 진행하는 일을 批評(비평)하는 弊端(폐단)이 종종 있는 터입니다. 이런 사람들의 언론과 행실을 듣고 보는 이들이 過度(과도)히 責望(책망)해서 위험분자라 혹은 파괴자라고 판단하기 쉽습니다.

그러나 思想(사상)의 자유는 민주국가의 기본적 요소임으로 자유권리를 사용하여 남과 對峙(대치)되는 意思(의사)를 발표하는 사람들을 包容(포용)해야 할 것입니다. 만일 그렇지 못해서 이런 사람들을 彈壓(탄압)한다면 이것은 남의 思想(사상)을 尊重(존중)히 하며 남의 理論(이론)을 察考(찰고)하는 원칙에 違反(위반)일 것입니다. 그러므로 是非(시비)와 善惡(선악)이 항상 싸우는 이 세상에 우리는 의로운 자가 不義(불의)를 항상 이기는 법을 확실히 믿어서 흔들리지 말아야 될 것입니다.

4. 서로 理解(이해)하며 協議(협의)하는 것이 우리 정부의 國鍵(국건)이 되어야 할 것입니다.

우리가 새 國家(국가)를 建設(건설)한 이때에 政府(정부)가 안에서는 鞏固(공고)히 하며 밖에서는 威信(위신)이 있게 하기에 제일 필요한 것은 이 정부를 국민이 자기들을 위해서 자기들 손으로 세운 자기들의 정부임을 깊이 覺悟(각오)해야 될 것입니다.

이 정부의 법적 조직은 外國(외국) 軍士(군사)가 방해하는 지역 외에는 全國(전국)에서 공동으로 擧行(거행)한 總選擧(총선거)로 된 것이니 이 정부는 國會(국회)에서 충분히 討議(토의)하고 制定(제정)한 憲法(헌법)으로써 모든 권리를 확보한 것입니다. 그러므로 지금부터는 우리 一般市民(일반 시민)은 누구나 다 일체로 投票(투표)할 권리와 參政(참정)할 권리를 가진 것입니다.

일반 국민은 누구를 물론하고 이 정부에서 頒布(반포)되는 法令(법령)을 다 복종할 것이며 충성스러히 받들어야만 될 것입니다. 국민은 民權(민권)의 자유를 보호할 擔保(담보)를 가졌으나 이 정부에 不服(불복)하거나 飜覆(번복)하려는 권리는 허락한 일이 없나니 어떤 不忠分子(불충분자)가 있다면 共産分子(공산분자) 與否(여부)를 물론하고, 혹은 個人(개인)으로나 徒黨(도당)으로나 정부를 顚覆(전복)하려는 사실이 證明(증명)되는 때에는 결코 容恕(용서)가 없을 것이니 극히 注意(주의)해야 할 것입니다. 민주주의가 인민의 자유권리와 참정권을 다 허락하되 불량분자들이 국민 자유라는 구실을 이용해서 정부를 전복하려는 것을 허락하는 나라는 없는 것이니 누구나 다 이것을 밝히 알아 조심해야 될 것입니다.

5. 정부서 가장 專力(전력)하려는 바는 도시에서나 농촌에서나 노동하며 고생하는 동포들의 生活(생활) 程度(정도)를 改良(개량)하기에 있는 것입니다.

旣往(기왕)에는 정부나 사회에 가장 귀중히 여기는 것은 兩班(양반)들의 생활을 爲(위)했던 것입니다. 지금부터는 이 思想(사상)을 다 버리고 새 主義(주의)로 모든 사람의 均一(균일)한 기회와 권리를 주장하며, 개인의 신분을 존중히 하며, 勞動(노동)을 우대하여 법률 앞에는 同等(동등)으로 보호할 것입니다. 이것이 곧 이 정부의 決心(결심)이므로 전에는 자기들의 형편을 개량할 수 없던 농민과 노동자들에게 특별히 주의하려는 것입니다.

또 이 정부의 결심하는 바는 國際(국제) 通商(통상)과 공업 발전을 우리나라의 필요를 따라 발전시킬 것입니다. 우리가 우리 민족의 생활 정도를 상당히 향상시키려면 모든 공업에 발전을 하게 하여 우리 농장과 공장 所出(소출)을 외국에 수출하고 우리가 우리의 없는 물건은 수입해야 될 것입니다. 그런즉 공장과 상업과 노동은 서로 떠날 수 없이 함께 竝行不悖(병행불패)해야만 될 것입니다.

경영주들은 노동자를 이용만 하지 못할 것이요, 노동자는 자본가를 해롭게 못할 것입니다. 공산당의 주의는 계급과 계급 사이에 衝突(충돌)을 붙이며 단체와 단체 간에 紛爭(분쟁)을 붙여서 서로 미워하며 謀害(모해)를 일삼는 것이나, 우리의 가장 주장하는 바는 계급전쟁을 피하여 전 민족의 同和(동화)를 도모하나니 우리의 同和(동화)와 團體性(단체성)은 우리 앞에 달린 國旗(국기)가 증명하는 것입니다. 上古(상고)적부터 太極(태극)이 천지만물에 融合(융합)되는 理致(이치)를 表明(표명)한 것이므로 이 이치를 실행하기에 가장 노력할 것입니다.

6. 우리가 가장 필요를 느끼는 것은 經濟的(경제적) 援助(원조)입니다.

과연 旣往(기왕)에는 외국에 원조를 받는 것이 받는 나라에 위험스러운 것을 각오하지 않을 수 없었던 것입니다. 그럼으로 우리가 언제든지 무조건하고 請求(청구)하는 것은 불가한 줄로 아는 바입니다. 그러나 지금 와서는 이 세계 大勢(대세)가 변해서 각 나라 간에 大小强弱(대소강약)을 물론하고 서로 의지해야 살게 되는 것과 전쟁과 평화에 화복안위(禍福安危)를 같이 당하는 理致(이치)를 다 깨닫게 됨으로 어떤 적은 나라에 自由(자유)와 健全(건전)이 모든 큰 나라들에 동일히 關

心(관심)하게 되는 것입니다.

연합국과 모든 그 민족들이 개별적으로나 단체적으로나 기왕에 밝혀 표시하였고 앞으로도 계속하여 발표할 것은 이 세계에 대부분이 민주적 자유를 누리게 하기로 결심할 것입니다. 그럼으로 그 우방들이 우리에게 많은 도움을 주는 것이며 또 계속해서 도움을 줄 것이매 결코 私慾(사욕)이나 제국주의적 要望(요망)이 없고 오직 세계평화와 親善(친선)을 증진할 목적으로 되는 것이니 다른 관심이 조금도 없을 것입니다.

오늘 미군정은 끝나며 대한 정부가 시작되는 이날에 모든 미국인과 모든 韓人(한인) 사이에 친선을 한층 더 새롭게 하는 것이 필요합니다. 다 우리가 우리 자유를 회복하는 것은 첫째로 미국이 일본에 강권을 타도하기 위하여 우리나라에 있던 적군을 밀어내었고, 지금은 자발적으로 우리에 독립을 회복하기에 도우는 것이니 우리 토지에 一尺一寸(일척일촌)이나 우리 재정에 分錢(분전)이라도 원하는 것이 없는 것입니다. 미국은 과연 정의와 인도의 주의로 그 나라의 토대를 삼고 이것을 실천하는 증거가 이에 또다시 표명되는 것입니다.

모든 직원이 일을 계속 진행하기를 바라며 부득이 개선할 경우가 있더라도 國事(국사)에 順調(순조) 進行(진행)을 위해서 끝까지 技能(기능)과 誠心(성심)을 다하여 애국심에 책임을 다하기 바라는 것입니다. 미국 군인이 점령한 동안에 軍政(군정)이나 民政(민정)에 使役(사역)한 미국 친우들이 우리에게 同情(동정)하며 인내하여 많은 諒解(양해)로 노력해 준 것은 우리가 또 깊이 감사하는 바입니다.

또다시 설명코자 하는 바는 미 점령군에 사령장관이요 인도자인 하지 중장에 모든 성공을 致賀(치하)하는 동시에 우리는 그분을 용감한 군인일 뿐 아니라 우리 한인들의 참된 친우임을 다시금 인정하는 바입니다. 이 새로 건설되는 대한민주국이 세계 모든 나라 중에 우리의 좋은 친구 되는 나라 이 많은 것을 큰 행복으로 여기는 것입니다.

우리 정부의 主義(주의)하는 바는 기왕에 親近(친근)이 지내던 나라와는 더욱 친선을 도모하는 것이요, 기왕에 교제 없던 나라들도 친밀한 교제를 열기로 힘쓸 것입니다. 미국과 우리 관계가 더욱 밀접해지는 것을 기뻐하는 것입니다. 中韓(중한) 양국은 自古(자고)로 友誼(우의)가 자별했던 바인데, 이번에 또다시 중국 정부에서 특별 厚意(후의)를 표한 것은 금월 12일에 한국 정부를 臨時(임시) 承認(승인)으로 公布(공포)한 것입니다. 따라서 우리가 親信(친신)하며 좋은 親友(친우)로 아는 劉馭萬(유어만) 公使(공사)가 대사로 승진케 된 것을 우리는 더욱 기뻐하는 바입니다. 지금 류박사를 중화민국 대사 자격으로 이 자리에서 환영하게 된 것입니다.

지금 태평양에 새 민주국인 비율빈(比律賓, 필리핀)과 정의상통(情誼相通)이 더욱 밀접한 것을 기뻐하는 바입니다. 이때에 유엔위원단장으로 이에 참석하신 이가 비율빈민국의 대표로 된 것이 또한 우연한 일이 아닙니다.

비율빈 사람들이 우리와 같은 아세아민족일 뿐 外(외)에 또한 일본의 침략에 毒害(독해)를 많이 당했고 또한 友誼的(우의적) 援助(원조)로 자유를 회복하게 된 것이 우리와 自然(자연)한 同感(동감)을 가지게 될 것입니다. 국제연합에 회원된 나라들을 일일이 다 지명하여 말할 수는 없으나 이 모든 나라들이 우리에게 많은 동정을 표하였으며 작년 11월 14일에 한국을 위하여 통과한 결의로 우리의 독립 문제를 해결하게 한 것을 감사히 여기는 중 더욱이 임시위원단에 대표를 派送(파송)한 그 나라들이 민주적 총선거를 자유로 거행하는 데 도와주어서 이 정부가 생기게 한 것을 특별히 하는 바입니다.

이 앞으로 유엔총회가 파리에서 열릴 때에 우리 承認(승인) 문제에 다 同心(동심) 협조하여 이만치 성공된 대사업을 완수케 하기를 바라며 믿습니다. 우리 전국이 기뻐하는 이날에 우리가 北便(북편)을 돌아보고 悲感(비감)한 생각을 금하기 어렵습니다. 거의 1천만 우리 동포가 우리와 民國(민국) 건설에 같이 진행하기를 남북이 다 원하였으나 유엔 대표단을 소련군이 막아 못하게 된 것이니 우리는 장차 소련사람들에게 正當(정당)한 措處(조처)를 요구할 것이요, 다음에는 세계 대중의 양심에 호소하리니 아무리 강한 나라이라도 약한 이웃에 疆土(강토)를 無斷(무단)히 점령케 하기를 허락한다면 종차는 세계의 평화를 유지케 할 나라가 없을 것입니다.

기왕에도 말한 바이지마는 소련이 우리에 접근한 이웃임으로 우리는 그 나라로 더불어 평화와 친선을 유지하려는 터입니다. 그 나라의 자유로 사는 것을 우리가 원하는 이만치 우리가 자유로 사는 것을 그 나라도 또한 원할 것입니다. 언제든지 우리에 이 원하는 바를 그 나라도 원한다면 우리 민국은 세계 모든 자유국과 친선히 지내는 것과 같이 소련과도 친선한 우의를 다시 교환키에 노력할 것입니다.

결론으로 오늘에 지나간 역사는 마치고 새 역사가 시작되어 세계 모든 정부 중에 우리 새 정부가 다시 나서게 됨으로 우리는 남에게 배울 것도 많고 도움을 받을 것도 많습니다. 모든 자유 우방들에 厚誼(후의)와 도움이 아니면 우리의 문제는 해결키 어려울 것입니다. 이 우방들이 이미 표시한 바와 같이 앞에도 계속할 것을 우리는 길이 믿는 바이며, 동시에 가장 중대한 바는 일반 국민의 충성과 책임심과 굳센 결심입니다. 이것을 신뢰하는 우리로는 모든 어려운 일에 주저하지 않고 이 문제를 해결하며 장애를 극복하여 이정부가 대한민국에 처음으로 서서 끝까지 변함이 없이 民主主義(민주주의)에 模範的(모범적) 정부임을 세계에 표명되도록 매진할 것을 우리는 이에 宣言(선언)합니다.

대한민국 30년 8월 15일, 대한민국 대통령 이승만."

(1948년 8월 15일)

미군정의 정권이양과 진정한 광복

1945년 9월부터 시작된 미군정은 1948년 7월 24일 대한민국 정부가 수립되고, 대통령이 취임함에 따라 통치권을 대한민국 정부에 이양했다. 미군정을 대표해서 하지 장군은 이승만 대통령에게 지난 3년 동안 미군정이 행사해 온 모든 권한을 대한민국 정부에 이양하는 정권 인수인계를 마치고 1949년으로 주한미군은 당초 방침대로 한국에서 철수하게 되었다.

처음 미군정은 미소공동위원회를 통해 '조선민주주의 임시정부 수

1948년 8월 15일, 대한민국 정부 수립 경축식

립과 신탁통치 실시를 협의한다'는 목표로 업무를 시작했었다. 하지만 루스벨트 대통령과 스탈린이 합의한 신탁통치 구상은 소련의 합의 위반으로 실현할 수 없는 목표로 변하고 말았다. 소련은 미소공동위원회와 협의해야 할 과제를 아무런 협의 없이 단독으로 북한 점령지에 위성정권을 세우고 화폐 발행의 중앙은행 설립, 토지개혁, 생산수단의 국유화, 인민군대의 창설 등을 단행함으로써 미·소 정상들 간의 합의를 깨버렸다.

하지 장군의 군정은 신탁통치 실시의 여건을 조성하기 위해 다각적으로 노력했지만 결국 실패하였다. 결국 한반도 문제는 미·소 양국간의 문제에서 유엔이 해결해야 할 과제로 바뀌면서 유엔 감시하의 자유총선거로 독립된 통일한국을 세우자는 이승만의 요구를 실현하기 위해 필요한 조치를 강구하지 않을 수 없었다.

그러나 이에 앞서 군정사령관으로서 하지 장군은 한반도에 거류했던 전 일본인을 모두 포로로 간주하여 그들이 가진 일체의 재산을 몰수하고, 이를 별도로 관리(한국에서는 귀속자산으로 명명함)하다가 통치권을 대한민국 정부에 이양하면서 일체의 귀속재산을 그대로 한국 정부에 이관시켰다. 이로써 3년간의 미군정시대는 끝났다.

1945년 8월 15일로 일본이 항복, 우리 민족은 일제의 지배를 벗어났지만 일제가 행사했던 모든 권한은 미군정의 권한이 되었고, 우리 민족에게 주권이 돌아온 것은 아니었다. 여기에서 해방과 광복의 차이가 발생한다.

1948년 5·10선거로 국회가 구성되고, 헌법이 제정되며, 그 헌법에 따라 정부가 구성되고 대통령이 취임, 미군정의 모든 권한을 이양받음에 따라 주권광복이 이루어졌다. 따라서 우리의 진정한 광복절은 주권이 회복된 1948년 8월 15일이다.

우리는 금년(2022년)으로 조국광복 74주년을 기념하였다. 미군정 시기까지를 광복기간으로 산정, 광복 77주년을 말하는 사람들이 있지만 국가주권 행사의 주체가 미군정이던 시절을 광복이라고 말하는 것은 무리다. 우리에게 국가주권 행사의 길이 활짝 열린 1948년 8월 15일을 기점으로 할 때 우리에게 진정한 광복이 온 것이다. 건국을 통해 광복을 이룬 것이지 해방을 통해 광복을 이룬 것이 아니란 말이다. 이 점에서 필자는 2022년을 광복절 74주년으로 정의한다.

6) 국제연합(UN)의 대한민국 승인

대한민국 건국은 1948년 8월 15일 정부 수립으로 확정되고, 세계 만방에 선포되었다.

미국 등 우방들은 대한민국에 대한 국가 승인조치를 당연히 취했지만, 유엔이 대한민국을 탄생시킨 점에서 유엔총회로부터 승인을 받는 것이 가장 큰 외교적 과업이었다. 그러나 유엔의 승인 문제는 크게 염려할 바는 아니었다.

정부는 프랑스 파리에서 열린 제3차 유엔총회에 장면을 수석대표로 하는 대표단을 파견했다. 유엔총회는 1948년 12월 12일 대한민국의 독립승인안을 48 대 6(기권 1)으로 가결하였다. 유엔이 이처럼 압도적 다수로 한국의 독립을 승인하게 된 것은 유엔한국임시위원단이 "1948년 5월 10일의 선거 결과는 한국내의 가능한 지역에 있어서 전 유권자의 자유의사가 표시되었다고 결의한다. 또 선거가 시행된 전 지역내의 주민수는 전체 조선 유권자의 3분의 2를 점한다는 본 위원단의 의견을 기록하기로 결의한다"고 보고했기 때문이다.

이날 유엔총회는 결의안에서 대한민국 정부가 한국 국민의 대다수가 거주하는 지역에 대해 교화적인 지배와 관할권을 가진 합법정부이며, 한반도에서 유엔임시위원단의 관할하에 선거인의 자유의사에 의한 선거로 수립된 합법정부임을 선언하였다. 그러나 여기에서 유념해야 할 것은 대한민국이 한반도의 유일 합법정부라는 유엔총회 결의는 유엔 감시하의 자유선거로 수립된 합법정부가 한반도에 대한민국밖에 없다는 뜻이었고, 유감스럽게도 북한을 포함한 한반도 전체를 대표하는 유일 합법정부라는 표현은 없었다는 점이다.

그러나 유엔총회 결의 가운데 한반도 인구의 대다수가 대한민국에 거주하고 있다는 유엔임시위원단의 보고 내용을 그대로 적시한 것은 유엔이 추구하는 통일정부 수립의 주체로서 대한민국에 정치적 정통성을 부여했다는 점에서 의미가 크다고 보아야 한다. 또 북한정권이 북한 주민의 자유의사에 따라 수립된 합법정부인지에 대해서 유엔은 아무런 언급도 하지 않았다는 사실도 주목해야 한다.[71] 차제에 여러

---

71) 천영우, 《대통령의 외교안보 아젠더》, 박영사, 2022년, pp.198~200.

가지 억측을 배제하기 위해 제3차 유엔총회 결의 195(Ⅲ) 2항 원문을 기재한다.

"Declares that there has been established a lawful government (the Government of the Republic of Korea) having effective control and jurisdiction over that part of Korea where the Temporary Commission was able to observe and consult in which the great majority of the people of all Korea reside; that this Government is based on elections which were a valid expression of the free will of the electorate of that part of Korea and which were observed by the Temporary Commission; and that this is the only such Government in Korea."

7) 제헌국회와 연호 문제

연호(年號)라는 표현은 일상생활에 긴밀히 연결되어 있으면서도 그 용어 자체를 상용하지 않기 때문에 생경하게 들릴지 모른다.

유럽 국가들은 예수 그리스도의 탄생을 전후로 주전(主前; BC), 주후(主後; AD)처럼 서력기원을 연호로 쓰기 때문에 매우 일상적인 것이다. 따라서 서양에서 연호는 국가생활을 시간으로 표시하는 단순한 기호(sign)와 상징(symbol)을 의미한다.

그렇지만 우리나라처럼 19세기 말엽부터 20세기에 이르는 동안 나라가 망하여 남의 나라의 식민지가 되었다가 다시 독립·광복이라는 표현으로 국권을 되찾는 고난의 역사를 가진 나라에서는 그 나라의 연호가 단순한 기호나 상징이기를 넘어서서 역사 인식과 자기 정체성(正體性)을 표현하기도 하며, 또 어떤 때는 국가 건설 및 정통성 문제와도 직접 관련을 맺기 때문에 매우 중요한 의의를 갖는다. 이 점에서 한 국가가 성립한 후 공식적으로 발표되는 연호는 국가 성립의 역사 인식과 정체성을 표현하며, 특정 시기에는 국가 건설 및 정통성 문제와도 직접 관련되는 중요한 요소가 된다.

이하 우리나라에서 연호 문제가 진화하는 과정을 약술한 후 대한민국 성립 후의 연호 문제에 임하는 제헌국회의 태도를 분석하기로 한다.

망국 지식인들의 연호 인식

1894년 갑오개혁 이전까지 조선은 대중국 사대질서하에서는 중국의 번방(藩邦)에 속했기 때문에 중국 연호를 사용했었다.

청일전쟁으로 조선에 대한 중국의 지배권이 약화되자 1894년 6월 28일, 군국기무처는 국내외의 공·사문서에 왕의 재위(在位)년이 아닌 조선왕조 개국 기원을 사용할 것을 공식적으로 의결하였다.

을미사변 이후 김홍집(金弘集) 내각은 일련의 관제개혁을 추진하면서 음력 1895년 11월 17일을 양력 1896년 1월 1일로 정하고, 이때부터 태양력 사용과 함께 건양(建陽, 1896년) 연호를 사용하기로 결정하였다. 이어 광무(光武, 1897년) 등의 대한제국 연호가 사용되었다.

다른 한편 민간에서는 1904년부터 단기(檀紀) 연호가 다른 연호들과 함께 사용되었다. 1905년 《황성신문》이 최초로 단기를 사용한 것으로 알려져 있으나 사실은 《제국신문》이 먼저 사용하였다. 《제국신문》은 대한제국의 광무를 주연호로 쓰면서도 1904년 9월 7일자부터 신문 1면에 단군원년 4237년, 기자원년 3026년, 개국 513년, 공자 2455년, 서력기원 1904년, 일본 명치 37년, 청력(淸曆) 광서(光緖) 30년, 음력 갑진 등을 기재하였다. 음력은 전통적으로 사용한 것이고, 일본과 중국의 연호가 동시에 기재된 것은 전통적인 연호–간지법이 변용된 것이다. 공자기년법은 중국의 변법과 캉유웨이(康有爲)가 제창한 것으로, 서기전 551년 공자 탄생을 기원으로 한다.

그러다가 1910년 강제병합 후 전통적인 조선의 연호는 종말을 맞았다. 일본의 연호가 메이지(明治)나 다이쇼(大正)나 쇼와(昭和)로 사용됨에 따라 이에 맞서기 위해 조선의 지식인 사회에서는 소멸된 국가 아닌 민족을 단위로 하는 새로운 연호 사용 운동이 등장한다. 국가적 정체성을 상실한 한국인은 민족적 정체성을 새롭게 형성하여야 했다.

이에 따라 민족의 기원으로 고조선과 단군이 새롭게 부상하였고, 연호로 단군기원이 등장하였다. 당시 신채호(申采浩)는 "민족주의가 성하여 웅장한 빛을 나타내면 맹렬하고 포악한 제국주의라도 감히 침토치 못하므로" "민족주의는 실로 민족을 보전하는 방법"이라고 주장하면서 단군기원을 강력히 주장하였다.[72]

대한민국 임시정부 수립 전후의 연호 문제

1917년 7월, 신규식(申圭植)·조소앙(趙素昂)·박은식(朴殷植) 등이 중심이 된 상해의 신한혁명당은 〈대동단결선언〉에서 융희황제(순종)가 주권을 포기한 것은 황제로서의 권한을 포기한 것이지 국민이 주권을 포기한 것이 아니며, 오히려 국민이 주권을 양여받게 된 것이라고 주장했다.[73] 바꾸어 말하면, 조선이 군주주권을 포기한 대한제국과 황실의 부활이라는 복벽(復辟)주의를 버리고 인민주권의 새 나라를 만들겠다는 의지의 표현이었다. 이로써 일제의 강제병합 이후 지속된 복벽주의가 종결되었다.[74]

이때 〈대동단결선언〉의 연도를 융희연도가 아닌 단제기원(檀帝紀元) 4250년으로 표기하였다. 단제(檀帝)란 사라진 대한제국 황제 대신 단군을 상징적 황제로 칭한 것이다.

이후 1919년 2월초, 만주 길림에서 조소앙·김교헌(金敎獻)·신규식 등 39인이 발표한 〈대한독립선언서(무오독립선언서)〉는 연도를 '단군기원 4252년 2월 ○일'로 표기하였다. 단군기년 표기방식이 보다 명확해진 것이다. 더욱이 〈대한독립선언서〉에는 '단군대황조(檀君大皇祖)'로 표기되었다. 이제 대한제국의 황제가 아닌 단군이 민족통합의

---

72) 서희경, "근현대 한국 연호의 변화 양상과 논쟁: 한말, 대한민국 임시정부, 제헌국회의 연호 논쟁"(서울대학교 한국정치연구소 간행, 한국정치연구 제31집 제1호, 2022년)의 글 중(《대한매일신보》, 1909/05/28) 재인용.

73) 서희경, "근현대 한국 연호의 변화 양상과 논쟁: 한말, 대한민국 임시정부, 제헌국회의 연호 논쟁"(서울대학교 한국정치연구소 간행, 한국정치연구 제31집 제1호, 2022년), p.68.

74) 복벽(復辟)주의는 대한제국의 부활이나 법통을 수호하자는 취지.

상징으로서 대두한 것이다. 이처럼 단군기원은 독립에 대한 대중의 열망이 폭발하는 역사적 시점에서 대표 연호로서 수용되었다.

한편 1919년 3·1운동을 전후하여 해외에서 임시정부 수립이 추진되었다. 국내와 노령(露領), 일본으로도 활동을 확장하여 독립선언운동을 추진하고 있었다. 3월 1일, 현순과 최창식은 국내 3·1운동 33인 대표의 메신저로서 〈독립선언서〉를 상해의 신한청년단에게 전했다.[75] 〈독립선언서(3.1독립선언서)〉는 조선건국 4252년으로 연도를 표기했는데, 그 명칭은 단군개국 또는 단군기원이 아닌 (고)조선건국이었다.

또한 1919년 3월 17일, 노령·북간도·서간도 대표들은 블라디보스토크에서 대한국민의회를 조직하였고, 3월 20일 독립선언식을 거행하였다. 여기에서 발표된 선언서도 연도를 기원 4252년으로 표기하였다.[76] 여기서 '기원'은 단군기원을 의미한다. 요컨대 1919년 3·1운동 이후 단기 연호는 그 명칭이 통일되지는 않았으나, 국내외 독립운동자들에게 대표 연호로 통용되고 있었다.

10여 년 전 신채호의 주장이 역사에 실현되기 시작한 것이다. 그러나 상해에서는 새로운 연호에 관한 논의가 진행되었다. 1919년 4월 10일과 11일에 걸쳐 역사적인 제1회 임시의정원회의가 열렸다.

임시정부의 수립은 대한제국의 부활에서 민주국가 건설로, 특히 3·1운동을 계기로 정체(政體) 인식이 바뀌었다. 이 변화는 결국 대한

---

75) 국사편찬위원회, 2006년, p.23.
76) 서희경, 앞의 글 p.9 재인용.

민국 임시정부 수립으로 표현되었다. 이렇게 민주공화국 수립운동에 나선 인물들의 정치적 인식 변화는 현실적 경험에서 점진적으로 성장한 것이었다.[77]

이후 제정된 대한민국 임시정부 헌법과 법령, 그리고 〈임시의정원 회의록〉에는 대한민국 연호와 서기(西紀)를 병기하였다. 또한 대한민국 임시정부가 임시의정원에 송부한 모든 문서에는 민국기년(民國紀年)을 사용하고, 부가적으로 서기를 함께 썼다. 요컨대 대한민국 임시정부는 한말 이래의 단군기년 흐름과 다른 새로운 정치적 기년법을 사용하였다. 이들은 민국기원(民國紀元) 연호를 통해서 종교나 왕의 영향력에서 벗어나 국민국가 중심의 시간으로 인식을 바꾸어 향후 건설될 국민국가의 초석을 마련하고자 하였던 것이다.

임시정부가 탄생한 1919년 4월 11일 회의에서는 국호를 '대한민국'으로 칭하자는 신석우의 동의와 이영근의 재청이 가결되었다. 연호 채택과 관련한 논의는 회의록에서 확인되지 않는다. 회의 이전에 초안으로 마련된 〈대한민국 임시헌장〉의 국호는 '대한민국', 연호는 '대한민국 원년 4월'로 이미 기재되어 있었다. 그런데 1919년 3·1운동 이후 등장한 여러 임시정부들 중 '대한민국'을 국호와 연호로 채택한 것은 대한민국 임시정부가 유일하였다.

---

77) 서희경, "근현대 한국 연호의 변화 양상과 논쟁: 한말, 대한민국 임시정부, 제헌 국회의 연호 논쟁"(서울대학교 한국정치연구소 간행, 〈한국정치연구〉 제31집 제1호, 2022년), p.31.

민국 연호냐? 대한민국 연호냐?

일본 패망 후 유엔 감시하의 자유총선거로 세워진 대한민국은 제헌을 통해 국회에서는 헌법 전문과 제헌국회 속기록에 단기(檀紀)로 연호를 표기하였다. 그러나 당시 이승만을 대통령으로 하는 정부는 임시정부 시절의 민국연호(民國年號)를 계속 사용하였다. 이 때문에 연호 통일의 필요성이 국회의 진지한 토론의 대상이 되었다.

1948년 8월 5일, 제헌국회 제40차 회의에서 조헌영 의원(경북 영양, 무소속)은 국회가 "개회할 때부터 오늘날까지 단기 연호를 써 왔는데, 정부는 대통령 취임식서부터 국무원 발표까지 대한민국 30년으로 발표했다"고 지적하였다. 그는 "한 나라 안에서 입법부가 쓰는 연호와 행정부가 쓰는 연호가 다르다는 것은 도저히 용인할 수 없는 문제"라고 주장하였다.(국회사무처 1948, 제40호, 24)

이날 대통령으로부터 대법원장 임명 승인에 관한 공문이 도착하였는데, 여기에도 '대한민국 30년 8월 5일'이라고 표기되어 있었다. 연호 사용만 놓고 보면, 1948년 정부는 명백히 대한민국 임시정부를 계승했음을 잘 나타내고 있다. 그러면 이승만 대통령과 정부는 왜 민국연호(民國年號)를 이처럼 중시했을까?

우선 대한민국 초대 정부의 인물 중 이승만(李承晩) 대통령과 신익희(申翼熙) 국회의장, 이시영(李始榮) 부통령, 이범석(李範奭) 총리 겸 국방장관, 지청천(池靑天) 무임소 장관은 모두 대한민국 임시정부에서 초대 대통령, 내무총장, 법무·재무총장, 광복군 참모장, 광복군총사령관을 각각 역임한 바 있었다.

그렇지만 민국 연호를 쓰는 까닭은 이런 인적 구성의 배경 때문만은 아니다. 보다 중요한 것은 이승만의 제헌국회 개회식 식사(1948년 5월 31일)와 헌법안 제2독회 발언(1948년 7월 1일) 등을 통해 엿볼 수 있다.

이승만은 국회의장 자격으로 발언한 식사(式辭)에서 "오늘 여기에서 열리는 국회는 즉 국민대회의 계승이요,[78] 이 국회에서 선출되는 정부는 기미년에 서울에서 수립된 민국 임정의 계승이니, 29년 만에 민국의 부활임을 우리는 이에 공포하며 민국 연호는 기미년에서 기산할 것"이라고 공표하였다. 이어서 그는 "이 국회가 전 민족을 대표한 국회이며, 이 국회에서 탄생되는 민국 정부는 남한만의 단독정부가 아니라 한국 전체를 완전히 대표하는 중앙정부임을 이에 또한 공포하는 바"라고 선언하였다.[79]

대한민국이 임정 법통 승계

이승만 국회의장의 이 식사는 매우 중요한 정치적 의미를 함축한다. 여기서 서울의 한성 임시정부가 1919년 기미년에 선포된 것은 맞지만, 그 정부가 연호를 '민국'이라고 사용한 것은 아니었다. 민국은 상해에 수립된 대한민국 임시정부가 사용한 연호이다. 그럼에도 이승

---

78) 한성 임시정부의 기구.
79) 《조선일보》, 1948년 6월 1일자.

만이 기미년을 기산점으로 하려는 것은 제헌국회가 1919년 전국 각 도 대표들이 모여 결성한 '한성 임시정부'를 모태로 한 대한민국 임시 정부의 법통을 잇고 있는 국회라는 점을 강조하기 위해서였다.

이런 맥락에 비추어 1948년의 대한민국은 남한만의 단독정부가 아니라 '한국 전체를 완전히 대표한 중앙정부'임을 강조하기 위함이었다. 요컨대 이승만 대통령의 민국 연호 사용은 제헌국회와 대한민국 정부의 법통 승계 문제를 직접 연결시키려는 것이었다.

또 1948년 7월 1일 개최된 헌법 초안 제2독회에서 이승만 의원은 헌법 전문과 관련하여 다음과 같이 발언하였다.

"내 생각은 총강 전의 전문에… 우리의 국시, 국체가 어떻다 하는 것이 표시될 것입니다. 우리는 민주국 공화체이다. …기미년 때 선포한 것에도 있는 것입니다. 그후 정부가 상해로 갔던, 남경으로 갔던 그동안에도 이것은 독재체제가 아니라 민주정권이었습니다. 이 정신은 벌써 35년 전에 세계에 공포하고 내세운 것입니다. 지금 미국 사람들이… 조선에 와서도 미국은 민주주의 원칙에 임하여 자기네가 세워주겠다고 하는 터입니다. 그러나 우리는 이미 임시정부 시절부터 민주정치를 실시, 추구해 왔고, 이를 우리 대한민국 헌법에 잇고 있음을 강조할 생각이 있어서 말씀드리는 것입니다."(국회사무처 1948, 제22호, 8)

이승만의 이 발언은 정치적으로는 제헌국회와 대한민국 정부의 기원을 김구(金九)와 대한민국 임시정부 인물들의 참여 여부와 관련 없는 임시정부를 모태로 하고 있다는 데 의미를 두려고 하는 것이다. 또 이승만은 한국 민주주의가 미국에 의해 이식된 것이 아니며 1919년 서울의 한성 임시정부에서 '민주국 공화체'를 선포하고, 정부를 상해와 남경 등으로 옮기면서 민주정권을 유지해 왔음을 주장하는 것이다. "지금 미국이 민주주의를 세워 주겠다고 하지만, 이러한 정신을 29년 전 기미년에 이미 공포하였고, 이후에도 자발적으로 일본 제국주의와의 투쟁 속에서 진력해 계승해 왔다"는 인식을 나타낸 것이다.

요컨대 이승만 대통령이 민국 연호를 사용한 것은 3.1운동과 독립선포가 곧 대한민국의 역사적 정체성의 기원이자 한국 민주주의의 기원이고, 제헌국회와 대한민국 정부는 그것을 계승하는 국가라고 인식했다는 것이다. 그는 1948년 7월 24일 대통령 취임사에서도 '대한민국 30년'으로 표기하였다.(《자유신문》, 1948년 7월 25일)

제헌국회의 연호 논쟁

이에 대해 조헌영 의원(경북 영양, 무소속)은 "대통령도 초대고, 또 헌법을 기초한 것도 처음인데 대한민국 30년이 나왔다는 것은 모순"이라고 비판하였다. 그는 연호 표기는 "우선 국회의 결의를 물어 가지고 결정해야 한다"고 주장했다. 즉 연호 문제는 국회의 결의 사항이므로 대통령이 임의적으로 결정할 수 없다는 것이다.

김준연 의원(전남 영암, 한민당) 역시 "헌법 전문에 규정한 것도 헌법 조문이나 마찬가지로 우리 국민을 구속하고, 행정부를 구속하고, 사법부를 구속하고, 우리 국민 전체를 구속하고 있는 것"이라고 주장하였다.(국회사무처 1948, 제40호, 25) 헌법 전문 말미에 "단기 4281년 7월 12일 이 헌법을 제정한다"고 되어 있으므로 단군기년법을 사용해야 된다는 것이다.

나아가 서우석 의원(전남 곡성, 한민당)은 "대한민국 30년이라고 사용하는 것은 적당하지도 않을 뿐만 아니라 헌법에 위반되는 것"이라고 주장하였다.(국회사무처 1948, 제40호, 26)

그러나 류성갑 의원(전남 고흥 을, 무소속)은 '대한민국 30년' 연호는 대한민국의 법통과 선열의 독립정신을 계승하는 것이라고 주장하였다.(국회사무처 1948, 제40호, 27)

결국 제헌국회는 오랜 토의 끝에 연호 문제를 신중히 결정하기 위해 법제사법위원회의 심의 사항으로 넘겼다.(국회사무처 1948, 제40호, 30)

1948년 9월 6일 제58차 회의에서 백관수 법제사법위원회 위원장(전북 고창, 한민당)은 연호 문제에 대해 '정부측과 학계, 언론계 등의 의견을 청취하여 신중히 심의한 결과'를 보고하였다. 그 내용은 두 가지이다.(국회사무처 1948, 제58호, 1)

(1) 공문서에 사용하는 연호는 단기 연호로 통일할 것.

(2) 연호 확정의 방법으로는 연호 사용에 관한 법률을 제정할 것.

그러나 9월 7일 제59차 회의에서 신성균 의원(전북 전주, 한독당)은 법제사법위원회의 심의 결과를 비판하였다. 그는 "대한민국 30년을 연호로 사용하는 것은 우리가 일정 36년간에 완전히 일본놈 세력하에만 있었던 것이 아니고 엄연히 독립의 회생(回生)이 있었다는 것을 표시하는 유일의 방법"이라고 강조하였다.(국회사무처 1948, 제59호, 2) 즉 이승만 대통령과 같은 입장이다.

이에 대해 백관수 법제사법위원장은 민간인들의 자문을 받은 후 이들의 의견을 종합한 결과, "단군기원을 쓰는 것이 가장 적당하고 무난하겠다는 의견이 대다수였다"고 말했다.(국회사무처 1948, 제59호, 2) 그가 행한 정부와의 논의과정은 구체적으로 이러했다.

"정부에서 이청천 씨, 이인 씨, 김도연 씨, 안호상 씨 네 분 국무위원이 출석했습니다. 그래서 정부 의견을 들어 보니, 정부에서 민국 30년으로 쓰기로 작정했다, 그런데 민국 30년으로 쓰는 이유는 여러 가지 말씀이 많이 있지만 요건은 정치적 의미에서 민국 30년으로 쓰는 것이 좋겠다고 작정했고, 그래서 그 의견을 들은 뒤에 우리 법제사법위원회에서 먼저 일단 가결했지만, 정부 의견이 그 말에 있어서는 우리가 다시 의논할 필요가 있다. 그래서 그 다음에 법제사법위원회를 열고 난상토의를 했습니다."(국회사무처 1948, 제59호, 3)

요컨대 백관수 위원장은 5명의 민간자문[80] → 국무위원 4인과의 논의(제1차) → 법제사법위원회 토의 및 결의(제1차) → 정부와의 논의(제2차) → 법제사법위원회 토의 및 결의(제2차) 등의 과정을 거쳐 결국 단군기원을 연호로 결정했던 것이다.

그런데 위의 발언에서 정부가 민국 연호를 사용한 핵심적 이유는 '정치적 의미'였음이 확인된다. 그런데 백관수 위원장은 이 안건

---

80) 법제사법위원회는 먼저 서울대학 총장 장이욱, 고려대학 총장 현상윤, 동국대학 학장 김영수, 동아일보 사장 김성수, 국학자 정인보 씨를 심의위원으로 위촉했다.

을 "결의안이라든지 어떤 건의안이라든지 그러한 형식으로 하는 것보다는 법률안으로 만들어서 구속력을 갖도록 하기를 바란다"고 재차 주장하였다.

이상과 같이 국회가 단군기원을 주장한 반면, 이승만 대통령과 정부는 대한민국기원을 주장했다. 국회가 의결한 단군기원은 민족주의 이념에도 적합했을 뿐 아니라, 일상생활에서도 익숙하고 편리한 것으로 인식되었다. 그럼에도 이승만 대통령이 민국 연호를 고수한 것은 '정치적 의미' 때문이었다.

이승만 대통령의 입장은 기본적으로 북한과의 체제경쟁을 의식한 측면이 강하다. 즉 북한의 조선민주주의인민공화국은 정통성이 결여되어 있을 뿐 아니라 독재체제라는 것이다. 이승만 대통령에게 대한민국 연호란 이런 역사적이고 정치적인 의미를 확고하게 표현하는 상징이었다. 단군기원의 상징과 편의성은 이런 정치적 의미에 비해 덜 중요한 것으로 본 것이다.

실용성 있는 연호를 선호

1948년 9월 8일 제60차 국회 본회의에서 연호를 둘러싼 논쟁이 계속되었다. 단기를 주장한 이주형 의원(경남 밀양 갑, 무소속)은 "민족정기를 만년 천년 살리기 위해서… 다만 공문서 사용에 있어서 단기를 사용하자고 하는 것을 우리가 전폭적으로 찬성해야 한다"고 주장하였다.(국회사무처 1948, 제60호, 11-12)

그러나 법제사법위원회의 위원인 최운교 의원(충남 논산 을, 무소속)은 사실 문제, 법적 문제, 정치적 문제 등으로 나누어 민국 연호 사용의 근거를 제시하였다.

첫째, 사실적 근거로 (1) 3·1운동의 민족적 대표성에 근거한 1919년-대한민국 임시정부의 정통성, (2) 임정이 세계 각국에 대한민국 정부임을 선포한 것, (3) 임정이 일제에 선전포고하고 연합국 일원으로 참전해 승리를 거둔 사실을 주장하였다. 따라서 1948년 대한민국은 1919년 대한민국 임시정부의 정통성을 반드시 계승해야 한다는 것이다.

둘째, 법적 근거로 단기 연호를 쓸 경우 법적 측면의 혼란이 발생할 수 있음을 지적하였다. 그는 헌법 전문에 명백히 선언된 사실을 지적했다. 건국헌법 전문의 '대한국민은 기미 삼일운동으로 대한민국을 건립하여 세계에 선포한 위대한 독립정신을 계승'이라는 문구가 대한민국 연호의 헌법적 근거라고 주장한 것이다. 그는 또한 헌법 발포식과 대통령 취임식에 대한민국 연호를 쓴 대로, 즉 '과거 임시정부 법통'대로 똑같이 써야 한다고 강력히 주장하였다.

셋째, 정치적 근거이다. 그는 대한민국 임시정부가 "실질적으로 우리나라 국내에서 통치하지는 못하였지만, 중국 방면에 정권이 있었던 것만은 부인할 수가 없고, 민족진영에 있어서 대한민국 임시정부를 환국시켜 가지고서, 이 환국시킨 정부를 중앙정부로서 추대해 가지고서 우리나라의 역사적인 민주주의적 국가를 만들자고 하는 것이 과거 3년 동안 지속되었다"고 주장하였다.(국회사무처 1948, 제60호, 13-27)

반면에 황두연 의원(전남 순천, 무소속)은 세 가지 이유로 단기 연호를 찬성하였다.

첫째, 민족정기의 이유이다. 그는 "자손들로 하여금 역사를 잘 기억하게 하는 동시에 또한 민족정기를 완전히 살리기 위해서는 민국 연호보다도 단기 연호를 써야 근본·근원을 잘 알 수가 있다"고 주장하였다.(국회사무처 1948, 제60호, 15–16)

둘째, 행정적 이유이다. 그에 따르면 "군정 3년 동안에 모든 호적상의 문부(文簿)는 전부 단기로 정정"하였다. 즉 창씨개명한 것을 전부 본명으로 바꾸고, 생년월일까지 단기로 정정하였다. 그런데 "만일 민국 연호를 쓴다면 전부 문부를 다 정정하지 않으면 안 될 만한 크나큰 희생"이 초래될 것이다.

셋째, 재정적 이유이다. 그는 이미 "과도정부에서 과대한 특별예산을 세워 재산상의 손해가 많이 났는데, 또 이것을 고친다면 특별예산을 가지고 거대한 손해가 있는 것"이라고 비판하였다.(국회사무처 1948, 제60호, 16)

조국현 의원(전남 화순, 대한독립촉성회)은 단기 연호 사용이 곧 헌법 전문에 표명한 3·1민족운동의 정신을 말살하고, 대한민국 임시정부를 거부한 것이라고 주장하였다.

다음으로 대한민국기원과 단군기원의 정당성을 모두 인정하면서도, 현실적인 국정운영의 관점에서 단기를 주장한 논의도 있다. 이에 대해 법제사법위원회의 위원인 류성갑 의원(전남 고흥 을, 무소속)은 서양의 사례를 들어 다음과 같이 말했다. "서양 사람은 나라가 어떠한 나라든지 어떠한 국가가 되든지 간에 오직 서기만을 가지고 통일을 했읍니다. 그러면 우리는 단기만을 가지고 통일해 가자, 여기 아까 말씀대로 대한민국을 쓴다면 무슨 나쁘다든지 대한민국 30년 동안의 혁명 투사의 비애의 역사를 말살한다는 그러한 의미에서 대한민국을 택하지 않고 단기를 택한 것은 아닙니다.”(국회사무처 1948, 제60호, 17)

또 조헌영 의원은 편의성이 단순한 도구가 아니라 ‘문화 본래의 사명’이라고 주장했다. 그는 서양의 경우 “복잡한 역사가 있지마는 서기 연호로 다 통일되었으니까 대단히 간편”할 뿐만 아니라 “복잡한 것을 정리하는 것이 문화인의 사명”임을 주장하였다. 편의성에 이념적 의미를 부여한 것이다. 또한 그는 호적을 고치기 위한 “막대한 인적 물적 소모가 있어야 되겠고, 교육계와도 큰 관계가 있으므로 일시적 민족적 관계라든지 투쟁 경과가 민족 백년대계를 정하는 데에 좌우되어서는 안 될 것”이라고 비판하였다. 요컨대 민족적 의미나 정치적 의미가 장기적인 국가운영의 문제를 압도해서는 안 된다는 주장이다. 이러한 견해는 근본적 실용주의(radical pragmatism)에 가깝다. 수많은 이념이 횡행했던 그 시대에 매우 드문 견해로 여겨진다.

이후 표결 결과 〈연호는 대한민국 30년을 채용할 것〉이라는 개의안은 재석 121, 가 33, 부 87로 부결되었고, 〈연호는 연호에 관한 법제사법위원회의 보고를 채용할 것〉이라는 동의안이 재석 121, 가 89, 부 26으로 가결되었다.(국회사무처 1948, 제60호, 18) 결국 제헌국회 의원들은 단기 연호를 선택하였다.

단기 연호 채택의 제1원칙은 편의성이었고, 제2원칙은 민족의식이었다. 즉 한국 역사에서 연호 사용의 기준은 결과적으로 복잡함보다는 간편함이었고, 특정 국면에서의 정치적 이유와 목적보다 보편적 수용이 더 중요하였다.

이상 국회와 정부측의 입장을 보면 연호가 단순히 역사의 시간 인식을 넘어서서 국가 성립의 역사적·정치적 배경을 반영하고 있음을 여실하게 보여주고 있다. 제헌국회는 연호에 관한 태도에서는 정부와 다르면서도 서로 지향하는 목표가 같기 때문에 정부가 추구하는 정치적 의미를 충분히 살려 나가고 있음을 엿볼 수 있다.

8) 제헌국회의 국가(國歌)와 국기(國旗) 문제

제헌국회는 1948년 9월 9일 제61차 본회의에서 의사 일정 제5항인 〈국기와 국가에 관한 건의안〉을 의제로 국가 상징물에 관한 토의에 들어갔다. 김약수 부의장 사회로 의안심사에 착수했다.

이날 맨 처음 등단한 정균식 의원(담양, 조선민족청년단)은 상정된 안건의 제안 설명 차원의 발언에서 국기(國旗)와 국가(國歌)는 국토와 국민과 주권에 대한 표상이기 때문에 매우 중요한 과제임을 전제하고 국기 문제는 헌법심의 당시 헌법에 명문의 규정을 두지 않기로 했고, 국호(國號)는 3·1정신을 계승, 대한민국으로 했기 때문에 태극기를 대한민국의 국기로 정한다는 데는 이론의 여지가 없다. 다만 정부에서 '4괘 태극의 규격'만은 하나로 통일시켜야 한다고 강조했다. 그러나 국가(國歌)는 우리가 늘 불러 왔던 애국가와는 성격이 다르기 때문에 새롭게 탄생한 나라의 국가답게, 가사도 전국적으로 공모하여 문화예술계가 심사하여 결정하고, 곡조는 이별가 같은 가락보다는 국내외적으로 새롭게 작곡하거나 외국 사람이 만든 곡이라도 좋은 것을 찾아 국토와 국민과 주권 있는 국가의 탄생을 예술적으로 완성해 나가자고 제안하였다.

이 제안에 대하여 강욱중 의원(함안, 조선민족청년단)은 "신생국가에 새로운 국가를 제정해야 한다는 주장도 맞지만, 사실 우리나라의 경우 태극기와 애국가는 사실상 국가화(國歌化)되어 있는 실정이다. 국가가 한 나라의 상징이 되기 위해서는 어느 정도 역사성을 지녀야 하는데 우리의 태극기와 애국가는 항일 독립운동 시기에 독립을 꿈꾸는 겨레들이 가슴 깊숙이, 가장 은밀한 곳에 간직했던 노래였으며 독립운동 선열들이 죽으면서도 손에 쥐었던 깃발이었고 그분들이 함께 불렀던 노래가 애국가였다"고 지적하고, "건국 시기에 해야 할 일들도 산적한 데 국기와 국가를 서둘러 만들어야 할 이유가 있느냐"고 물었다.

이어 강의원은 "우리는 38도선 문제를 피로 해결하지 않으려면 적당한 시기에 미·소 양국 군대의 철퇴를 요구하면서 남북한 동포들이 다같이 태극기로 뭉쳐 해결을 도모해야 한다"고 주장하였다. 그는 "이북 사람들이 국기와 국가를 만들었다고 하지만 우리가 그 국기와 국가에 경의를 표할 수 없는 것처럼 우리가 새로 국기와 국가를 만들어도 그들 역시 어떠한 감격도 느끼지 않을 것"이라면서 현재의 애국가를 없애고 새 국가를 제정하는 데는 반대한다고 말했다.[81]

강욱중 의원에 뒤이어 등단한 이주형 의원(밀양 갑, 무소속)은 "우리가 헌법을 제정하고 정부를 수립하고 반민족행위자 처벌법을 제정한 까닭은 이것이 38도선을 철폐하는 데 가장 빠른 첩경이라 해서였다"면서, 우리 국회가 어떤 건의나 결의를 할 때는 반드시 북한에 1천만 동포가 있다는 것을 의식하고 해야 한다고 강조하고, 이어 그는 북한의 반동분자들처럼 우리도 '국가입네' 하고 마음대로 국기와 국가를 제정한다면 이는 오히려 통일에 지장을 초래할 것이라고 북한을 비판하고, 남북한이 완전히 통일되어 3천만 동포 전체가 대표되는 의사당에서 국기와 국가 문제를 논의할 수 있을 때까지 이 문제 논의를 보류하자고 동의하였다.[82] 동의에 제청, 3청이 이어지자 김약수 부의장은 동의가 안건으로 성립했음을 선언하였다.

이때 등단한 정광호 의원(전남 광주, 한민당)은 "우리가 어떠한 조건이 완성될 때까지 논의를 보류하자는 동의는 우리 스스로를 조건에 구속시키는 것"이라면서 "앞으로 한반도 상황이 어떻게 변할지 모르는 터에 조건부 보류는 하지 않는 것이 옳다"고 주장하고, 차라리 국가(國歌) 제정 건의안을 폐기하는 것이 더 합당하다면서 보류동의안의 철회를 요구하였다.

이에 이주형 의원도 보류동의안을 철회하고 맨 처음 제안 설명에 나섰던 정균식 의원도 이 문제에 관한 전체적 논의 상황을 감안, 건의

81) 김태완, "애국가는 현재 근거 규정이 없습니다", 《월간조선》(2021년 5월호), p.491.
82) 이영일, "제헌국회와 안익태의 애국가 문제", 《월간憲政》(2021년 5월호), pp.76~81.

를 철회한다고 발언하였다. 김약수 부의장은 토론이 이렇게 정리되자 의사 일정 제5항 〈국기와 국가 제정에 관한 건의안〉 폐기안을 상정하여 '재석 133명 중 찬성 121표, 반대 없음'으로 의결하였다.

결국 제헌국회는 통일될 때까지는 국가와 국기를 새로 제정하지 않기로 하고, 임시정부의 법통을 계승하는 대한민국은 1940년 임시정부가 채택하였으며, 남북한 동포들이 그 역사성을 공유하는 태극기와 안익태의 〈애국가〉를 통일될 때까지 그대로 이어 사용하기로 의견을 모으고 논의를 종결하였다.[83]

국기와 국가에 대한 북한의 태도

김일성은 1947년에 이미 소련의 위성국가로서 북한에 단독정부를 수립해 놓은 상태에서 그들 나름의 애국가를 제정, 채택하였다. 김일성은 1946년 9월 27일 작가들을 모아 놓고 "임시정부가 채택한 〈애국가〉의 가사 내용이 인민들의 감정에 맞지 않고 보수적이며 남의 나라 것을 본뜬 곡으로 시원치 않다"면서 〈애국가〉를 새로 만들라고 지시, 박세영 작사, 김원균 작곡으로 된 〈애국가〉를 최종적으로 채택하였다. 그는 가사를 작성할 때 '금은과 자원이 많고 문화 있는 국가'임을 강조하라고 지시, 그대로 반영시켰다.[84] 다만 발표 시기는 1948년 5월 10일 총선거로 대한민국 정부가 수립된 이후로 결정했는데, 이는

---

83) 이지선, 〈애국가 형성과정 연구〉, 서울대학교 외교학 석사학위 논문, 2007년 2월, p.92.

국토 분단의 책임을 자기들이 아닌 남한에 전가하려는 저의를 숨기기 위해서였다.[85]

북한은 대한민국 정부가 수립된 후 1948년 9월 8일 최고인민회의 제1차회의에서 헌법을 채택한 뒤, 9월 9일 김일성을 내각수상으로 하는 각료명단을 발표하면서 인공기(人共旗)와 북한판 국가(國歌)를 〈애국가〉로 채택하여 부르기 시작하였다.

그러나 여기서 분명히 밝혀야 할 것은 북한정권은 대한민국 정부 수립과정에서처럼 헌법제정을 놓고 국회에서 제3독회에 걸친 토의와 각 조항별로 축조심의를 하면서 견해차를 표결로서 조정하는 정치과정이 없었다는 점이다. 연호를 놓고도 단군기원이냐 임정의 법통을 계승하는 민국기원이냐, 정부 형태를 놓고도 대통령중심제냐 내각책임제냐로 열띤 토의를 벌인 적도 없다. 왜냐하면 북한 헌법은 소련공산당이 위성국들에 적용하기 위해 만들어 놓은 법안에 국명만 달리해서 그대로 찍어 놓은 것이기 때문이다.

헝가리나 루마니아의 헌법과 북한 헌법을 대조해 보면 위성국으로서의 지위가 같기 때문에 헌법 조항에 차이가 없었다. 코민테른의 프롤레타리아 국제주의가 그대로 적용되었기 때문이다. 따라서 북한에서는 대한민국에서와 달리 연호도 논쟁 없이 모든 공산국가의 모델을

---

84) 김교만, "북한의 애국가는 어떻게 만들어졌는가", 《역사비평》(여름호, 1994), p.49 재인용.

85) 박채욱, "남북한 애국가의 성격과 역사성"이라는 제하의 논문(1986년 4월 월간 《북한》, 북한연구소 간행), pp.86~87.

1949년 8월 15일, 이승만 대통령이 중앙청 광장에서 열린
대한민국 정부 수립 1주년 기념식에서 경축사를 낭독하고 있다.

그대로 답습, 서기(西紀)로 정하였다.

무엇보다도 대한민국의 초대 내각엔 독립운동의 경력 유무가 인선의 기준이 되었기 때문에 친일의 흔적이 있는 인사는 배제되었다.

특히 이 점에 있어서 이승만의 한국민주당에 대한 태도는 주목할 만하다. 인촌 김성수가 주도하는 한민당은 김구 세력과 맞서면서 이승만의 유엔 감시하의 자유총선거를 통한 대한민국 수립안을 적극 지지, 5·10선거에서 대한민국을 세우는 데 가장 크게 공헌하였고, 이승만의 집권 후에도 가장 큰 받침목이 될 세력이었는데도 불구하고 모두의 예상을 뒤엎고 김성수를 초대 국무총리로 임명치 않았다. 또 그가 이승만에게 추천한 7~8인의 인사 가운데도 독립운동의 경력이 참작된 김도연(金度演)·이인(李仁)만 초대 내각에 참여시켰다.

　대한민국과 북한은 이처럼 형성 배경이 판이하게 다르기 때문에 한반도에 수립된 두 개의 분단국가라고 해서 동일한 기준으로 다루는 것은 그 자체가 오류이다. 대한민국이 새로운 한민족의 정통 독립국가로 출발한 반면, 북한은 세계 공산화를 위한 소련의 기지국가, 즉 위성국가로 출발했던 것이다. 물론 중·소 이념분쟁을 계기로 중·소 두 나라 사이에 줄타기외교를 하면서 북한정권은 자기의 존립 명분으로 새롭게 주체를 내세우고 전체주의 세습독재 체제를 만든 것은 1960년대 후반의 일이다.

제2부

반민특위와 농지개혁

1. 제헌국회와 친일·반민족행위자 문제

해방된 조국이 당면해서 해결해야 할 긴급한 과제는 앞에서 검토한 바와 같이 권리의 주체가 된 국민의 자유로운 선거를 통해 국회를 구성하고, 국회가 헌법을 제정하고, 그 헌법에 따라 정부를 세우는 일일 것이다.

1948년 8월 15일 정부가 수립됨으로 해서 건국의 제1단계 과업은 끝났다. 대한민국 정부는 일본이 항복한 지 3년 동안 미국이 실시한 군정통치를 끝내고 미군정으로부터 통치권을 이양받음으로써 새로운 민주국가(New Democratic Nation-State)로 태어났다.

정부 수립과 동시에 시급히 서둘러야 할 과업은 일본 제국주의가 남긴 유산을 대한민국의 요구에 맞도록 청산하고, 새로운 법과 제도·질서를 확립하고 민생안정을 도모하는 것이었다.

이러한 과업 수행에서 가장 우선이 되어야 할 과업은 무엇인가?

해방정국의 정치 명분으로서는 일본 군국주의 세력의 농간에 놀아나 나라를 식민지로 만들고 일본에 아부하여 동족 위에 군림하면서 독립운동가를 탄압하고 동족을 수탈, 사리사복을 채웠던 친일 반민족행위자를 적발·처벌함으로써 민족정기를 바로세우는 일이었다.

유럽 국가들은 프랑스나 벨기에 등에서 보는 바와 같이 독일 패전과 동시에 나치에 협력한 반민족행위자들을 가차없이 처형하였다. 또 전쟁에서 패한 독일에서도 나치 전쟁범죄자들을 단호히 적발·처벌하였고, 심지어 일본에서도 제2차 세계대전을 일으켜 일본 민족 전체에게 패전의 고통을 안겨 준 전쟁범죄자들을 공직에서 추방하는 조치를 취하였다.[86]

우리나라의 해방정국은 프랑스처럼 우리 국민들이 자력으로 해방의 역사를 주도한 것이 아니라 미·소 양국 점령군이 주도하였다. 그 결과 미군정은 해방정국에서 제기되는 친일파 숙청 문제에 대해 초기에는 자기네들의 소관 업무가 아니라는 입장을 취했지만 한국 실정에 맞도록 군정을 실시한다는 명분으로 군정의 한국화(이때 안재홍이 민정장관으로 발탁된다)를 시도하면서 1946년 8월 24일 〈남조선과도입법의원 설치령〉을 발표하고, 이 기구의 건의에 따라 1947년 9월 3일 공포한 입법의원 선거법과 1948년 3월 17일의 국회의원 선거법 등에서는 친일파의 선거권·피선거권 제한 조항을 수용하였다.[87]

이 결과 일부 무소속 출마자의 경우를 제외하고 각 정당이나 정파 추천의 후보자에서는 친일인사들을 배제함으로 해서 제헌국회의원들은 극소수의 예외가 있을 수 있긴 하지만 국민들이 지탄할 만한 악질

86) 제2차 세계대전 후 프랑스에서는 2071명의 사형, 39,900명의 징역형을 선고했고 벨기에는 55,000명, 네덜란드는 5만 명의 징역형이 내려졌고, 일본에서도 21만 명이 공직추방령에 걸려 공직을 떠났다고 한다. 吉眞鉉, 《역사에 다시 묻는다-반민특위와 친일파》, 三民社, 1984년, pp.19~20.
87) 이강수, 《반민특위 연구》, 나남신서, 2003년, pp.43~44 .

적인 친일인사들이 국회의원으로 진출할 수 없었다.

이런 시대적 배경 때문에 우리나라의 경우 일제 잔재로서의 친일파 내지 반민족행위자 처벌 문제를 다른 나라에서와 같이 즉각적으로 처결하기 힘든 특수 상황이 깔려 있었다. 이하 한국 상황의 특수성을 살피기로 한다.

1) 한국 상황의 특수성

유럽의 경우

프랑스의 경우 런던에 있던 드골(De Gaulle) 임시정부는 알제리라는 식민지 영토가 있었던 것을 명분으로 대한민국 임시정부와 달리 영국 등으로부터 정부 승인을 얻었다. 또 유럽 대륙 회복을 위한 노르망디 상륙작전에 프랑스 명의로 군대도 참전시켜 파리의 레지스탕스와 제휴, 독일에게 빼앗긴 프랑스를 회복하는 데 일익을 담당하였다. 이러한 노력으로 나치에게 점령당했던 프랑스는 미국이 요구한 승전연합군의 군정을 거치지 않고 바로 프랑스의 드골 정부가 국권을 회복할 수 있었다. 이 때문에 1940년부터 1944년까지 4년 동안 독일군의 괴뢰정권이나 비시정부(Regime de Vichy)에 빌붙었던 민족반역자들을 강도 높게 응징, 민족정기를 회복하고 프랑스의 위상을 되찾았다.

벨기에나 네덜란드도 유사한 과정에서 반역자들을 징치(懲治)하였다. 독일의 경우 히틀러 치하에서 반나치운동을 주도했던 기독교 정치세력이 연합군과 제휴하여 정권을 장악함으로써 비록 국토는 동서로 갈라졌지만 '반서구적(反西歐的) 나치즘'의 대두를 막자는 데 국론의 통일을 기하고 나치 전범세력의 단죄를 강화할 수 있었다.

일본의 경우 맥아더 군정하에서 전범세력의 공직 추방을 단행함으로써 이들이 재등장할 여지를 없앴다.

한국의 경우

나치에게 점령당한 유럽 국가들은 연합국의 승리로 4년 만에 국권을 회복하였지만, 한국은 30년 이상 일본의 지배를 받았다. 또 일본은 1910년 형식상 전쟁에 의하지 않고 조선 국왕으로부터 국권을 양위받아 한·일 양국을 합병했다. 게다가 한국은 앞에서도 지적했듯이 자력으로 해방을 이룩하지 못하고 미·소 양국의 분할점령하에서 3년간의 외국 군정을 거친 후 독립정부 수립의 길로 들어섰다.

이러한 특수성 때문에 한국은 해방정국에서 독립정부 수립을 위한 주요 정치 명분의 하나인 친일반민족행위자 처리가 서양에서처럼 일사천리로 이의 없이 집행될 수가 없었다. 그리하여 해방정국의 앞날에 영향을 미칠 4대 정치세력이 자파(自派)가 주도권을 잡는 데 유리한 방식으로 친일반민족행위자 처벌 구상을 내놓았다.

먼저 미국에서 독립운동을 펼쳤던 이승만 대통령은 해방된 조국이 민주주의적 선거방식으로 독립정부가 수립되리라는 전망하에 한일합병 과정을 회상했다. 그는 "조선 국왕이 총 한 방 쏘아 보지도 않고 나라를 통째로 일본에 합병시킴으로써 이천만 동포가 친일하지 않고는 살 수 없는 나라를 만들었다"고 지적하면서 친일 책임의 당사자를 조선 국왕으로 규정하였다.[88] 이 때문에 해외에 나가 살았거나 독립운동에 나서지 않고 "한반도 내에 거주한 백성들은 누구라도 친일로부터 완전히 자유로울 수 없는 긴 세월을 일본 지배하에 살았다"면서 "국왕 잘못 만나 친일하지 않고는 살 수 없었던 동포들끼리 해방된 이 마당에 너는 친일파, 나는 반친일파로 갈라져서 서로 비방하며 대립할 것이 아니라 이제는 대승적 견지에서 서로 용서·위로·포용하고 새 국가 건설에 힘을 합치자!"고 외쳤다. 다만 소수의 지탄받는 악질분자만 가려서 처벌하자는 입장을 천명하였다. 결국 반민족행위자 처벌 문제를 독립정부 수립과정의 통과의례(通過儀禮)로 인식하였던 것이다.

그러나 중국에서 임시정부를 세우고 독립운동을 주도했던 김구(金九)의 한국독립당 계열은 친일반민족행위자를 엄단하고 그 재산을 몰수하여 민족정기를 세워야 올바른 독립국가를 만들 수 있다고 주장하였다. 이 명분이 먹혀야 해방정국의 주도권을 쥘 수 있었기 때문이다.

또 해방된 직후 여운형의 건국준비위원회에 편승, 인민공화국이라는 소비에트를 전국적으로 조직했던 박헌영의 조선공산당은 친일반민족행위자 처벌을 남한 공산화 혁명을 관철하는 필수적 조건으로 보았기 때문에 지주 반동계급을 철저히 응징하고, 그 재산을 수탈당한 농

---

88) 1945년 11월 국일관에서 열린 임시정부 요인 귀국 환영연에서 행한 이승만의 발언.

민들에게 나누어 줘야 한다고 처벌론을 강도 높게 내세웠다.

　그러나 김성수(金性洙)를 중심으로 한국민주당으로 뭉친 국내파들은 거개가 지주·지식인들로서, 겉으로는 친일하면서 암암리에 독립운동도 지원하면서 생장해 온 자들로 구성되어 친일로부터 결코 완전히 자유로울 수 없었기 때문에 이승만 대통령의 온건론에 동조하였다.

미군정의 입장

　당시 미군정은 일본군 무장해제와 일본인의 퇴거, 한국에서의 신탁통치 여건 조성과 질서회복이 그들의 당면 과제였고 친일파 제거나 숙청 문제는 미군정이 일방적으로 나서서 처리할 문제라기보다는 미소공동위원회의 합의나 한국에서 독립정부가 수립된 이후 처리해야 할 과제로 보았다.

　다만 신정부를 수립하기 위한 국회의원 선거에서는 국민들로부터 지탄받는 친일인사들이 총선에 참여하는 것을 제한해야 한다는 과도임시입법의원의 건의를 수용, 국회의원 선거법에 지탄받는 친일인사들이 참여하지 못하도록 하는 조항을 포함시켰다.

공산당이 혼란과 폭동을 선동

　1945년 8월 15일 일본이 항복하자 한반도의 남쪽 지역에서는 맨처음 몽양(夢陽) 여운형(呂運亨)이 중심이 된 건국준비위원회가 발족

되어 전국적으로 조직을 확대해 나갔다. 또 미군의 한반도 진주 직전에 결성된 조선공산당의 박헌영은 건국준비위원회 조직에 편승해서 한국판 소비에트 형태의 인민공화국을 지역별로 조직해 나갔다. 이에 맞서 우익진영에서는 김성수·송진우 등이 중심이 된 한국민주당이 태동되고 있었다.

그러나 당시 미군정이 1945년 10월 10일 "38도선 이남의 조선 땅에는 미군정이 있을 뿐 다른 어떤 정치체의 존재도 일체 인정치 않는다"고 선언함으로써 공산당 주도로 만들어지는 조선인민공화국은 물론 30년 법통의 임시정부까지 해방 후의 정국을 주도할 정치세력으로 그 존재를 인정받지 못하였다.

이 와중에 미국에서 독립운동을 펼쳤던 이승만은 해방된 지 2개월이 지난 10월 16일 개인 자격으로 겨우 환국하였고, 중국에서 독립운동을 주도했던 김구 등 대한민국 임시정부 요인들 역시 임시정부 요인 자격으로가 아니라 독립운동가 개개인의 자격으로 11월 23일 환국하였다.

따라서 해방된 38도선 이남 지역은 비록 미군정의 지배하에 있었지만 질서 확립, 민생안정 등 안정화 시책이 제대로 실적을 낼 수 없었다. 소련 코민테른의 지령에 따른 조선공산당의 파업 선동, 경제 교란 등 각종 방해 책동은 물론이거니와 특히 북한의 대남 송전 중단, 비료 공급 중단 등으로 경제난이 가중되고 있었다.

소련은 맥아더 사령부의 일반 명령에 따라 북한 지역을 확보한 후 북한 지역에 위성정권을 세우는 한편, 미군정이 주도하는 남한 사회를 조선노동당이 주도하는 혁명 상황으로 몰고 가도록 부추겼다.

해방정국의 공간 속에서 그럴듯한 구호와 선동으로 조직을 확대한 박헌영의 공산당은, 그들과 통일전선에 묶여 있는 민주주의민족전선과 보조를 같이하면서 반탁이 아닌 찬탁을 내세우고 친일반민족행위자의 처벌과 그들의 재산 몰수를 골자로 하는 식민잔재 청산을 들고 나왔다. 그리고 그들의 주장을 관철시키기 위해 전국적인 파업과 암살·태업·폭력을 일으켰다. 남한 사회의 경제 교란을 목표로 1946년 5월 화폐를 찍어내는 조선정판사위폐사건은 이런 혼란의 일부를 반영한다.[89]

미군정의 상황 대처

당시 한국 실정에 어두웠던 미군정은 이런 상황을 타개하기 위해 한국을 잘 아는 일본시대의 관료들과 치안요원들을 군정요원으로 대폭 고용하였다. 그들이 해방 후 한국 사회에서 재기할 수 있는 명분과 발판을 제공한 셈이다.

그렇게 치안요원으로 발탁된 자들은 김구 선생이나 공산당의 눈으로 볼 때는 일본 제국주의자들의 앞잡이로 동족에게 박해를 가한 악질 친일분자로 보였겠지만, 미군정 당국의 입장에서 보면 파업을 선동, 조장하면서 미군정의 와해를 노리는 공산당을 때려잡는 대공기술

89) 임성욱, 〈미군정기 조선정판사사건 '위조지폐' 사건연구〉(박사학위 논문), 한국외국어대학교 국제지역대학원한국학과 참조.

전문가로 보였을 것이다.

이때 일어난 큰 사건 가운데 하나가 1946년의 10월 1일 대구(大邱)를 시발로 전국으로 확대된 공산당 주도의 혁명폭동이었다. 이 사건의 배후는 소련군정으로 밝혀졌다.[90]

결국 소련은 한반도 전체의 공산화를 달성하기 위해 유엔감시위원단의 북한 방문을 거부하고 자유총선거로 대한민국 정부가 수립되는 것을 방해하기 위해 남로당을 이용하여 남한 각지에서 파업과 폭동을 일으켰는데, 그 중 제주도 4·3사건은 대한민국 건국에 엄청난 충격을 주었다.

친일반민족행위자 처벌론의 질적 변화

이상에서 본 바 대한민국은 소련과 북한공산당, 남한 내의 남로당의 결사적인 방해 책동을 뚫고 1948년 유엔 감시하에 치른 자유총선거를 통해 어렵게 건국에 성공하였다. 제헌국회에서 헌법을 제정하고, 새 헌법에 따라 정·부통령을 선출하고 정부조직법 등 국가 성립에 필요한 입법조치에 착수하였다.

그러나 건국 후에도 새 정부는 친일반민족행위자 처벌과 농지개혁이라는 두 가지의 큰 문제에 봉착한다.

---

90) 앞의 책, 소련군정의 스티코프의 일기(日記)에 의하면 소련은 대구사건을 위하여 남조선공산당측에 300만 원 이상의 자금을 지원했고, 행동지침까지 소련공산당이 작성 지시했다고 알려졌다.

하지만 당장은 38도선을 사이에 두고 개성 등지에서 벌어지는 남북한 간에 끊임없는 군사충돌사건과 정부 내에 침투하여 정부 전복을 획책하는 공산세력의 준동을 막는 일이 급하였다. 좌익들의 공세는 한시도 멈추지 않았다. 그 결과 새 정부 주도하에 민족정기를 확립하고 자주독립 정부의 위신을 드높이기 위해 명분상 가장 우선해서 착수해야 할 친일반민족행위자 처벌 문제가 시국과 상황의 수요면에서는 대공투쟁과 민생안정 문제의 뒷순위로 밀릴 수밖에 없었다.

특히 신탁통치 문제를 두고 우파진영은 반탁을 강조했지만, 좌익은 찬탁을 지지하면서부터 국론 분열이 심화되었는데, 이때 우파는 찬탁 편을 드는 좌익을 '민족 반역세력'으로 몰아붙였으며 좌익은 이에 맞서 우파를 '반민족세력'으로 비방했기 때문에 친일반민족세력의 개념도 좌우 대립의 영향 속에서 변질되기에 이르렀다.[91]

일제 식민통치가 36년간 계속된 탓에 국내에 있던 인사치고 친일이나 부일(附日)로부터 완전히 자유로울 수 있는 사람이 있을 수 있겠는가?

이런 차원에서 보면 친일반민족행위자를 한마디로 규정하기가 그렇게 쉽지는 않다. 그러나 중국에서 임시정부 중심으로 독립운동에 전념했던 사람들과 공산주의자들은 소수파의 입장에서 해방정국의 주도권을 잡기 위해 친일반민족행위자 숙청을 가장 우선적 과제로 들고 나왔다. 특히 김구 중심의 임정순혈주의(臨政純血主義)를 추구하는

---

91) 이강수, 《반민특위연구》, 나남신서, 2003년, p.28, p.48 참조.

한국독립당은 당책 제26항으로 "매국적(賣國賊)과 독립운동을 방해한 자를 징치하며 그 재산을 몰수하여 국영사업에 충용하고 토지를 국유로 할 것"이라고 규정, 국내 친일세력들에게 공포감을 심어 주었다.[92]

동시에 조선공산당도 1945년 9월 20일 발표한 〈현정세와 우리의 임무〉에서 "일본 제국주의자와 민족반역자의 토지를 몰수하고 인민위원회가 이것을 관리하여 농민에게 분배하는 것은 부르주아 민주주의 혁명을 완수하는 중심 과제"라고 주장하였다.[93]

소련군정의 입장

한편 북한에서도 소련군정이 조직한 김일성 주도의 인민위원회는 토착 지지세력의 부재라는 약점을 극복하면서 리더십을 확보하는 수단으로 일제 식민잔재 청산의 기치 아래 북한 전역의 사회주의적 혁명 개조에 착수하였다.

김일성은 반민족행위자처벌특별법 같은 법률이나 특위재판부 같은 별도의 기구를 만들지 않고도 명령 하나로 모든 토지와 생산수단의 국유화를 추진했다. 이러한 조치의 전 단계 작업으로 일본 제국주의자들이 소유한 토지와 공장시설을 몰수하고, 일제에 협력했던 지주 반동세력의 소유도 아울러 몰수하는 조치를 단행하였다.

---

92) 김구가 본인의 거소로 썼던 종로구 새문안로의 경교장은 광산갑부 최창학이 자진해서 바친 건물이었다.
93) 이강수, 앞의 책, p.46.

국내 공산주의 동조학자들은 북한이 친일잔재 청산과 반민족행위자 처벌에서 남한보다 훨씬 신속하고 단호했다고 평가하지만,[94] 이는 북한 지역을 공산화하기 위해 기존체제와 계급관계를 근본적으로 뒤엎는 혁명화 과정을 반민족행위자 처벌과정과 동일시한 데 기인한다. 여기에 친일잔재 청산 문제를 놓고 남·북한을 동일한 지평에서 비교할 수 없는 까닭이 있다.

2) 제헌국회와 반민족행위자 처벌특별법 제정

대한민국 제헌국회는 회기의 시작과 동시에 해방 후 지난 3년간 표류시켜 온 반민족행위처벌법의 제정에 나섰다.

물론 제헌국회는 헌법 101조에 '단기 4278년(1945년) 8월 15일 이전' 악질적인 '반민족행위를 한 자를 처벌하는 특별법'을 제정할 수 있다고 규정하고 있었다. 이 조항을 근거로 제헌국회는 1948년 8월 5일 제1차 40회 본회의에서 김웅진 의원(파주, 무소속) 발의로 〈반민족행위처벌법 기초특별위원회〉 구성안을 긴급동의로 발의하였다. 그는 제안 설명에서 앞으로 정부에서 2,30만 명의 공무원을 등용해야 하는

94) 앞의 책 〈이강수의 반민특위연구〉는 소련과 남북의 공산주의자들이 북한 지역을 공산화시키는 체제개혁과정—여기에 동조하는 민주주의 민족전선 등 공산당과 연계된 통일전선 참여기구의 주장도 포함—을 식민지 잔재 및 반민족행위자 처벌과정으로 동일시하거나 연동시키는 데 치중하고 있다.

데 8·15 이전의 '악질적인' 반민족행위자가 새 국가건설에 참여하는 기회를 박탈해야 한다면서 이를 위해 특별법 기초를 위한 특위 구성이 필요하다고 주장하였다. 여기에 조규갑 의원(경남 김해 을, 무소속), 박해정 의원(경산, 무소속), 이구수 의원(고성, 무소속), 이석 의원(경주 갑, 대독촉), 김병회 의원(전남 진도, 무소속), 윤병구 의원(예산, 무소속) 등이 찬성 발언을 하였다.

이에 대해 서이환 의원(울릉군, 무소속), 이성득 의원(경기 개성, 무소속), 표현태 의원(경남 거창, 대한독립촉성국민회) 등은 "정부 출범으로 해방 후의 극심한 혼란을 벗어나 겨우 안정을 회복하려는 판에 다시 사회를 혼란에 빠트릴 우려가 있다"면서 시기의 부적절성을 지적하기도 하고, 모든 공직자들을 친일반역자로 몰아가는 태도의 부당성을 말하기도 하면서 반대 의사를 내비쳤다. 특히 이성득 의원은 "거리에서 우는 사람은 배고파서 울지 친일파·민족반역자·친미파가 있어 우는 것이 아니다"면서 제헌국회의 중점이 민생의 안정에 역점을 두자고 역설하였다.

그러나 이러한 반대는 명분에 밀려 소수에 불과하였다. 정부가 대공민생에 역점을 두는 추세에 비추어 앞으로 정부가 국회의 의사를 잘 수용치 않을 수도 있다는 경계의 목소리도 나왔다. 장홍염 의원(전남 무안군 을, 한국민주당)은 "정부를 조직하는 데 있어서는 좀 더 깨끗한 인물, 우리나라를 말아먹으려고 다니는 괴물은 안 될 것이고, 우리를 잡으러 다닌 괴물도 안 될 것이고, 좀 더 충실(忠實)한 인물로써 우리 민족 전체가 지지할 수 있는 인물을 사용하기 위해서는 속히 이 법률을 제정해야 될 것이라고 봅니다. 속히 반민법을 제정해서 억지로라도 밀고 나가야 합니다"고 주장하였다.

국회는 열띤 토론 끝에 재석 155명 중 가 155, 부 16으로 압도적으로 반민특위법을 가결하였다.[95]

기초특별위원회가 마련한 법률안은 1948년 8월 9일 중앙청 회의실에서 첫 회의를 열고 법안 작성의 시일을 단축시키기 위해 미군정 때 입법의원에서 만든 '민족반역자, 부일협력자, 간상배에 대한 특별법'을 토대로 하여 국회전문위원 고병국이 전문 32조의 반민족행위자 처벌법안의 초안을 마련, 8월17일 국회에 제출하였다.

불과 일주일 만에 급조된 법안이었기 때문에 논리적 구성, 표현의 명료성, 처벌의 형평성, 재산형의 규모, 특히 '악질적 행위의 정의' 등을 놓고 격론이 이어졌다. 특히 이 법안 토의에는 표면에 드러나 있지는 않았지만 주장의 내면에 흐르는 논리에서는 좌우 대립이 은연중 느껴질 만큼 진지하였다. 좌우 양편을 대표하는 몇 의원의 발언으로 이날의 토론 상황을 요약한다.

(1) 노일환 의원(전북 순창, 한국민주당) 발언

"본 의원이 생각하는 바는 적어도 이 법안은 악질적인 민족반역자 친일파를 처단하는 데에 있어서 어느 직제에 치중한다고 하는 것은 가장 적절한 방법이라고 생각합니다. 왜 그러냐 하면 일제시에 칙임

---

95) 상기 국회 본회의에서 행한 의원들의 발언은 제헌국회 속기로 제1차 40회 본회의 기록을 그대로 인용.

관 이상의 관공리라고 하면, 그 사람이 친일을 하지 않았다고는 아마 면피가 철피처럼 두껍지 않고는 그 말을 못할 것입니다. 밀정행위로 독립운동자를 방해한 자, 이러한 사람들은 이 법률에서 탈락되기를 바란다면 그 사람은 너무나 양심을 유린해 버리는 사람이라고 봅니다.

이 법률에 대단히 광활한 면에 있어서 양보적이요, 민족의 협조를 튼튼케 해나가도록 되었다고 하는 증거는 4조에 있어서 좌의 각항의 1에 해당한 자는 10년 이하의 징역에 처하거나 15년 이하의 공민권을 정지하고, 그 재산의 전부 혹은 일부를 몰수할 수 있다 했는데… 이는 재판의 경과에 따라서는 칙임관 이상의 관리가 되었다든가, 도회(道會) 의원이 되었다든가, 여기 지적한 범죄가 구성되는 해당자 가운데에도 심한 것과 경한 것을 걸러 가지고 처벌할 수 있도록 이만한 여유를 두고 만든 법률입니다. 그럼에도 불구하고 '악질만을 추려서 하자'는 이 말은 이러한 관직에서 일정시대에 허가를 맡은 친일파 민족반역자와 허가 없는 친일파가 있는지 모르겠지만, 이것은 고급관직으로 뚜렷이 나타나고 있는 사람은 일종의 허가를 얻은 반민족행위를 한 자올시다. 그 사람들을 전부 애국자와 같이 대우하자는 말밖에 되지 않습니다.

그러므로 이 법률은 철저히 우리가 친일잔재를 숙청하고 남조선을 민주화하고 북조선과 통화(通和)되어서 통일정권을 세워서 우리 중앙정부가 그대로, 문자 그대로 민주정부가 되도록 하는 데에는 이 법률을 민중의 기대와 같이 잘하느냐 못하느냐에 지금 매달려 있다고 본 의원은 봅니다.

이 법안의 유효 기간을 1년으로 한 것은 대단히 짧은 감이 있습니다. 그것은 적어도 3년이라는 시일을 두지 않으면 안 되리라고 생각합니다. 짧은 시일이고, 실제로 이 중대한 사업을 이행할 수 없는 기간이라고 생각합니다. 또 그리고 '해방 이후에 개전의 정상이 현저한 자는 그 형을 경감 또는 면제할 수 있다' 하는 것이 제5조에 규정되어 있는데, 이것은 친일파 민족반역자를 숙청하기 위해서 이 법안을 만든다고 하면 전연 필요 없는 조항이올시다."

(2) 김광준 의원(경북 울진, 무소속) 발언

"헌법 제101조에 있어서는 '악질적인 행위를 한…' 이렇게 되어 있습니다. 그럼에도 불구하고 당연범으로 이렇게 맨들어 놓으면… 만약 예를 들건대 중추원참의를 지냈다든지, 도(道) 장관을 지냈다든지 군수를 지낸 이러한 사람 가운데에도 양심적인 사람이 많이 있습니다. 그것을 일일히 헤아리기는 곤란합니다마는 어떤 도에 중추원참의로 있던 사람은 무슨 신사(神祠) 관계로 맹렬한 투쟁을 했습니다. 이러한 사람들로 하여금 당연범으로 맨들어서 도저히 구제할 수 없는 길을 맨드는 것은 우리들이 제101조를 만든 취지에 위반이라고 생각합니다.

사실에 있어서 일본시대에 이러한 예가 있습니다. 아주 민족적인 의식을 강조하는 이러한 사람들… 군수로 앉혀 가지고 그 사람들이 민족의식을 앙양시켰기 때문에 중추원참의라는 허울 좋은 자리에 앉어 가지고 말 못하게, 꼼짝 못하게 한 이러한 예도 있습니다. 이러한 사람들을 중추원참의라고 해서 당연범으로 만드는 것은 헌법 제101

조에 위반됨은 물론이고 또한 법제적·기술적으로 우리들이 검토할 때에 제4조라는 것은 도대체 잘못된 것입니다.

당연범하고 선택범, 이런 것을 종합해서 만들었다는 것은 도저히 법률·기술적으로 봐서 잘못이라고 생각합니다. 하물며 칙임관 이상의 관리되었던 자를 당연범으로 만들었읍니다마는 사실에 있어서는 고등관 2급이나 3급이나 별로 차이가 없습니다. 그러기에 본 의원의 생각으로서는 관공리 되었던 자로서 악질적 죄적이 현저한 자, 이것으로 족합니다.

…양심적으로 비록 자기 몸은 관계(官界)에 있을지언정 우리 민족을 위해서 매우 활약한 이러한 분들로 하여금 제5조라는 조항이 있기 때문에 도대체 구제할 수 없게 되었읍니다. 여러분께서 잘 아시다싶이 지사라고 해도 일본 옷을 입고 일본 여편네를 데리고 사는 지사도 있었지만, 민족정기를 앙양하는 데 노력한 애국자도 많이 있습니다. 어째서 이것을 일률적으로 취급하십니까?"

(3) 조국현 의원(전남 화순군, 대독촉국민회) 발언

"이 사람은 이 반민족 처벌 초안을 볼 때 대단히 모호할뿐더러 한계가 불분명합니다. 그렇기 때문에 이것을 일일히 지적해서 질의하는 바이올시다. 제1조에 '한국의 주권을 침해하는 조약 또는 문서에 조인한 자'라는 말이 있습니다. 그러면 그 한계는 어데까지 있는가. 당시 십수만의 회원을 가진 일진회가 한일합병을 서명날인으로서 신청하였은즉 그 전부를 지적함인가, 또는 그 주모자만 지적하는 것인가,

또는 합병조약에 군신이 모다 조인하였는데 만일 지금 융희황제께서 계신다면 천추에 비분을 품으신 폐하에까지 그 한계가 미치지 않는가?"로부터 시작하여, 급조로 마련된 법안 32개조 하나하나의 문제점을 지적하였다. 이하 주목해야 할 발언 몇 부분을 예시한다.

"제5조 가운데 '개전의 정상이 현저한 자'라 하였은즉, 우리 민족은 불행히도 3대 조류에 나누어 있습니다. 친일파로서 우(右)에 가담하였다면 우는 개전의 정이 인정된 자고 좌(左)는 이중의 친일파로 지목되고, 좌(左)에 가담하였다면 좌는 개전자로 인정되고 우는 이중의 친일파로 지목되며, 중(中)으로 하였다면 중간은 개전자로 인정하고 좌우는 용서 못할 존재로 인정되는데 '개전의 정상이 현저한' 하는 표준이 어데 두었는가."

"제20조 특별재판관급 특별검찰관 선거에 있어서 1항 '독립운동에 경력이 있거나 절개를 견수하고 애국의 성심이 있는 법률가'라 하였고, 2항에 '애국의 열성이 있고 학식·덕망이 있는 자'라 하였은즉 그러면 법률가에게는 애국자가 적을 것을 의미하는 것이올시다. …친일파 중에 법률가가 제일 많다고 이 사람은 주장합니다. 3·1운동 이후에 애국자를 변호한 공로자도 없지 않았읍니다마는 그것은 소수요, 법률가로서는 항상 왜인의 육법전서를 손에 들고 돌진할려고 애쓰는 심리라든지, 애국자를 무기·사형 등에 구형 언도하였던 처사로 보아서 그렇다는 것이올시다. 그리고 왜놈의 소위 고문(高文) 파스라든지 변호사 자격 합격증서라든지 공공연한 입장에서 날마다 뱀 허물 같은 것을 몸에다 입고 버선쪽 같은 것을 머리에다 쓰고 왜놈의 법정에 드

반민특위위원들

나드는 행위로 보아서 반민족적 행위가 제일 많다고 봅니다. 해방 후 친일파 문제에 대하야 법률가에 대하야, 하등의 언급이 없는 것을 기회로 각 기관에 들어가 양양 자득하는 태도는 가소로운 일이올시다. 그럼에도 불구하고 어느 의원이 이 초안을 법제사법처에 넘기자는 동의는 절대 불가합니다. 그렇기 때문에 이 법안은 진실히 우리의 손으로 바르게 제정하는 것이 좋다고 생각합니다."

이런 토론과 자구수정 등의 절차를 거쳐 1948년 9월 7일 제59차 본회의에서 전문 32조의 반민특위법이 재석 141인 중 가 103, 부 6으로 가결되었다. 뒤이어 9월 29일 반민특위법 제9조에 의하여 특별조사위원회가 구성되고, 1948년 10월 23일 김상덕(金尙德) 의원(경북 고령, 민족통일본부, 의열단으로 항일투쟁에 헌신한 독립운동가)을 위원장으로 하는 반민특위특별조사위원회가 구성을 완료, 업무에 착수하였다.

3) 경과와 평가

국회가 스스로 사법권 행사 시도

국회가 결의한 반민법은 이승만 대통령이 서명, 1948년 9월 22일 법률 제3호로 공포되어 발효되었다.

그러나 당초 이 법은 국회가 제정하고 정부에서 집행하는 통상적 절차를 따르는 법으로 알았는데, 제헌국회는 반민법의 집행을 정부에 맡기지 않고 국회가 직접 특별법에 입각, 반민족행위자의 조사·처벌까지를 전담하겠다는 자세였다. 즉 입법부가 특별조사위원회를 구성, 반민행위자의 색출·조사·체포·재판을 통한 처벌까지를 도맡겠다면서 그 이유로 이문원 의원(전북 익산, 무소속)은 다음과 같이 주장한다.

"새 나라 새 정부를 세우는 데에 있어서 우리는 민족을 대표해서 나왔기 때문에 어떠한 다른 부면에 맡기고 싶지 않은 것이 이 특별위원회를 설치하는 한 목적이라고 봅니다. 그러기 때문에 아까 의장 말씀이 법조(法條)가 되면 이것을 실행하는 행정부에서 시행하리라고 하셨는데, 이 특별위원회에서 제정한 8·15 이전에 반민족적 행위를 한 데 대해서는 적어도 국회에서 이것을 충분히 간섭하지 않으면 안 되리라고 생각하는 것입니다. 이러한 의미에서 금반(今般) 조직된 이 특별위원회는 전체 민족을 대표해서 민족정기를 살리며, 앞으로 신생하는 정부의 청결을 위해서 그 행정부 자체가 하는 것보다도 우리가 직접 해야겠다는 이러한 취지에서 이러한 논의가 벌어진 것으로 생각하기 때문에 성격에 있어서 반드시 우리는 입법에만 그칠 것이 아니라 그 실행에 있어서도 우리 손이 미쳐야 한다는 성격의 일부분을 규정하지 아니할 수 없다."[96]

당시 제헌국회는 한국민주당이나 대한독립촉성국민회가 다수였지만 친일로부터 완전히 자유로울 수 없는 전력들 때문에 이문원·노일환 의원 등 소장파 무소속 의원들이 일제 식민잔재 청산과 민족정기 확립이라는 명분을 앞세우고 국회를 좌지우지하는 데 밀릴 수밖에 없었다. 결국 반민특위는 특별조사위원회, 특별재판관, 특별검찰관, 법 위반 피의자를 체포·구속할 수 있는 특별경찰대를 보유함으로써 입법부인 국회에 부설된 사법기구로 변모하였다.

반민법을 이송받은 정부는 국무회의에서 (1) 특별재판부를 국회의원도 포함해 구성하는 것은 삼권분립의 원칙에 위배되며, (2) 법관의 자격은 법률로 정한다는 헌법에 위배되고, (3) 반민족행위를 일제하의 직위로 규정한 조항은 '8·15광복 이전의 악질적 반민족행위를 처벌한다'는 헌법 101조에 위배된다면서 법률 공포를 거부키로 뜻을 모았다.

그러나 당시 민생 문제의 핵심인 식량 문제를 해결하기 위해 정부

---

96) 제헌국회속기록 제1회 40-9.

는 정부보유미 확보를 위해 농민들이 공출을 연상케 하는 양곡수매법안을 국회에서 무난히 통과시켜야 하는데, 이를 위해서는 국회와의 대립을 피하기 위해 반민법 공포를 거부하지 못하였다. 결국 현실적인 타협으로 일단 반민법을 공포하고, 필요하다면 추후 개정하기로 방침을 세웠다.[97]

이승만은 반민법을 제3호 법률로 공포하면서 반민특위가 일할 공간을 중앙청에 마련해 주고, 또 필요한 활동예산도 배정함으로써 반민특위가 정상 가동되도록 조치하였다.

반민특위 가동과 정부와의 대립 갈등 확대

반민특위의 활동이 개시되고 친일파들에 대한 검거활동을 시작하자 이에 대한 반발이나 저항도 강해졌다.

해방 직후에 유럽 국가들에서처럼 반민활동이 바로 실행되었더라면 저항이 약했을 것이나, 해방된 지 3년이 지났고 미군정 치하에서 질서유지와 대공투쟁·민생안정을 도모한다는 명분으로 친일의 전력에도 불구하고 공직을 맡아 업무를 수행했던 공직자들은 반민특위의 조치에 완강히 저항하였다.

이승만 대통령도 정부 수립을 통해 국가를 제대로 운영하려면 일할 수 있는 인재를 확보해야 하는데 독립운동에 앞장섰던 혁명가들만으

---

97) 길진현, 앞의 책, p.49.

로는 그 수요를 채울 수 없었다. 결국 한일합방 이후 태어나 일본 교육을 받고 성장한 세대들 가운데서 각 분야별로 능력 있는 인물을 선별하여 충원할 수밖에 없었다.[98]

그러니 국회가 제정 통과시킨 반민법 때문에 공직사회는 동요될 수밖에 없었고, 정부 운영상의 활력도 떨어졌다. 특히 지난날 국내 독립운동 세력과 공산주의 세력의 단속을 주임무로 했던 경찰조직은 위축되거나 강력히 반발하였다.

이에 이승만 대통령은 1949년 1월 10일 시국안정을 위한 담화에서 "우리는 건국 초기이니만큼 앞으로 세울 사업에 더욱 노력해야 할 것이요, 지난날에 구애되어 앞날에 장해(障害)가 되는 것보다 과거의 결절(結節)을 청려(淸濾)함으로써 국민의 정신을 쇄신하고 국가의 기강을 밝히는 데 표준을 두어야 한다"면서 반민특위를 견제하는 발언을 던졌다. 그러자 의열단(義烈團) 출신으로 반민특위의 조사위원장을 맡은 김상덕 의원은 "누구를 막론하고 특별조사위원회의 처사에 대해 간섭할 수 없다"는 반박성명을 발표하고 반민특위의 검거활동에 박차를 가했다.

그러나 특경대(特警隊)가 노덕술(盧德述)이라는 수도청 수사과장을 체포하는 것이 신호가 되어 경찰조직들이 특경대의 처사를 용납하지 않았으며, 이승만 대통령도 대공기술자로 알려진 노덕술의 체포에 반

---

98) 초대 상공차관을 지낸 임문환의 회고를 보면, 신익희가 귀국 후 임시정부 내무부장으로 편성한 행정연구반의 대부분이 일제 때 고등문관 시험에 합격한 분들로 구성되었다면서 이것은 당시 상황에서 불가피했다고 말했다.(吉鎭鉉, 앞의 책, p.181)

대하면서 1949년 2월 2일자 담화를 통해 "반민특위활동은 삼권분립에 위배된다. 좌익 반란분자들이 살인·방화 등 지하공작을 하고 있어 경험 있는 경관의 기술이 필요한데 마구 잡아들이는 것은 부당하다"고 말하였다.[99]

당시 이승만 대통령이 중시하는 건국과업의 우선순위는 반민특위를 통한 친일파 척결보다는 건국을 방해하는 공산당의 척결이었다. 이승만은 2월 15일 새로운 담화를 통해 반민법 개정의 필요성을 제시하면서 검찰청과 내무장관에게 지시, 법원의 영장 없이 조사위원 2,3명이 특경대를 앞세워 함부로 인신을 구속하지 못하도록 단속하라고 지시하고, 특경대를 즉시 해산시키라고 명령하였다.

그렇게 이승만 대통령은 반민법 해당자들을 삼권분립의 원칙에 따라 정부에서 처리하도록 하자는 입장을 견지하였지만, 반민특위는 국회가 제정한 법규에 따라 반민행위자들을 직접 다스리겠다는 태도를 바꾸지 않았다. 노일환 의원 등 국회 내 반민특위 추진의 소장파들은 "대통령의 담화는 정부내의 친일파 옹호론"이라고 성토하였다.[100] 정부에서는 2월 22일 이승만 담화를 계기로 반민법 집행의 책임과 권한을 정부에 맡기게 하는 방향으로 반민법 개정안을 마련, 국회에 제출했지만 2월 24일 국회 본회의는 제1독회로 심의를 마치고 부결시켰다.

---

99) 선우종원 당시 법무부 검찰과장은 초기 경찰수뇌부인 김태선·최능진 등은 미국에서 귀국한 뒤 우리 경찰 실정을 잘 몰라 친일경찰의 손에 놀아난 것 같다. 노덕술은 조작만 일삼는 백해무익한 자이나 경찰들이 담합, 옹호한다고 논평했다.(吉鎭鉉, 앞의 책, p.56)

100) 제헌국회 32차 본회의 속기록 참조.

반민특위에 체포되어 가는 친일반민족행위자들

　이에 앞서 국회는 1948년 8월 19일 제43차 국회 본회의에서 '정부내의 친일파 숙청결의안'을 가결시키고, 김인식 의원(옹진 을, 대동청년단)을 위원장으로 하는 특별위원회를 구성, 조사에 착수했다. 이어 8월 23일 제47차 본회의에서 당시 상공차관 임문환, 법제처장 유진오, 교통장관 민희식, 체신장관 윤석구 등을 친일분자로 보고했지만 악질적 행위를 했다는 증거가 없고 다른 증거들도 대부분 투서였고 무고도 있어 반민법 통과 이후에 재론키로 하고 본회의는 보고만 받는 것으로 끝냈다.

　그렇지만 국회가 정부내 친일파 조사를 요구한 사건은, 정부로 하여금 수사기관들을 통해 국회의원 가운데 친일 행적이 있는 자를 색출하는 사태를 유발하게 된다. 일본 지배 36년이라는 세월의 길이 때문에 친일로부터 완전히 자유로운 사람이 존재하기 힘든 현실의 반증이라 하겠다.

이처럼 유럽과 한국은 앞에서도 지적했듯이 상황 처리의 시점이 다르고, 중국과 일본의 전범 처리 문제와도 성격이 같지 않았다.

경찰의 반민특위 습격사건과 특위의 존립 위기

국회의 반대에도 불구하고 정부가 반민특위법에 따른 조사와 처벌을 정부에 맡기라고 강요하던 중 1949년 6월 6일 경찰간부를 특위가 구속한 데 항의, 경찰이 특위를 습격하여 특경대원들을 체포·구금한 후 특경대를 해산시키는 일이 벌어졌다.

당시 특경대는 정식 경찰이 아니고 수사당국과 특위 간의 협약에 의거하여 잠정적으로 존치가 허용된 경찰조직이었는데, 이 조직이 경찰간부를 구속하는 사태가 벌어지자 실력으로 해산하기에 이른 것이다. 결국 정부는 반민특위의 독자적인 경찰 기능을 인정치 않는 태도를 고수하였다.[101]

이런 분위기가 확산됨에 따라 특별재판소의 재판관 및 검찰관들은 잇달아 사의를 표하고 각 지역별로 추진되던 조사활동도 활력을 잃어

---

101) 이승만은 1949년 6월 11일자 AP통신과의 기자회견에서 특경대 해산을 자기가 지시한 것이며, 특위는 범법자의 명단을 정부에 넘기면 조사 후 기소하여 특검과 특재에서 처리토록 한다는 입장을 공언했다.(吉鎭鉉, 앞의 책, p.182 참조)

반민특위 재판 광경

갔다. 물론 이미 조사가 완료되어 기소된 사람들에 대한 재판은 진행되었지만 처벌의 강도는 대중의 기대 수준에 훨씬 못 미쳤다.

최초로 재판받은 화신산업의 박흥식(朴興植)을 비롯해서 33인 중의 한 분이었던 최린(崔麟), 춘원 이광수(李光洙), 육당 최남선(崔南善) 등의 재판은 여론의 주목을 끌었다. 그러나 대부분 병보석으로 출감했다가 최종선고에서는 헌법 101조가 정한 악질적 행위자가 아니었다는 점에서 경한 처벌로 끝났다. 또 반민특위 1호로 피감 구속되었던 화신재벌의 박흥식도 공민권 정지 2년이라는 가벼운 구형에 무죄로 끝났다.

박흥식이 여기서 무죄선고를 받은 것은 그가 명함팔이 소년에서 입신, 큰돈을 벌어 재벌기업가의 반열에 오른 후, 독립운동하다가 옥에 갇혀 병으로 사경을 헤매던 도산 안창호 선생을 당시 우가끼(宇垣) 일

본총독을 거금을 주고 설득, 병보석으로 출감시켜 치료해 준 갸륵한 정상을 참작한 것으로 알려졌다.[102]

물론 일본 고등계 경사를 거쳐 중추원참의까지 지낸 김태석(金泰錫)은, 곽상훈 검찰관의 논고로 사형 구형에 무기징역 및 50만 원의 재산몰수형을 받았으나 재심청구 끝에 감형되어 1950년 봄 석방되었다.

이광수는 병보석으로 출감되었지만 한국전쟁 때 납북되었다.

또 평북 고등계 주임 김덕기(金悳基)는 그가 검거한 사상범이 1천 명에 달했는데 구속된 자 중에서 9.6%가 사형, 9.4%가 무기, 7년 이상이 10%에 이르는 악질경관이었다. 재판부는 이자에 대해 사형을 선고했고 재심청구도 기각되어 사형이 확정되었지만, 한국전쟁 직전 감형으로 풀려나와 기록상으로만 사형이 남아 있을 뿐이다. 일부 유죄로 인정되어 징역형을 선고받은 자도 있었지만 수감중 6·25동란이 발발, 거의 방면되거나 형집행이 중단되는 것으로 끝났다.

결국 경찰 계통에서 일제에 부역했던 자들은 그 행위의 악질성으로 인하여 유죄 언도를 받았지만 그외에 관계(官界)나 학계·문화계 인사들은 친일할 수밖에 없었던 환경과 상황을 참작, 악질적 행위를 범하지 않는 한 관대한 처분을 받았다. 또 일제시에 군복무를 했던 인사들은 국방 임무를 맡아야 할 필요성에서 아예 처음부터 반민특위자 입건 대상에서 제외되었던 것도 특기할 만하다.

---

102) 吉鎭鈜, 《역사에 다시 묻는다―반민특위와 친일파》, 삼민사, 1991년, pp.193~195.

국회 프락치사건

특경대 해산으로 반민특위가 힘을 잃어가는 상황에서 반민특위법 제정과 구성에 큰 영향력을 행사했던 세 명의 국회의원으로 이문원·최태규·이구수 세 의원이 남로당 간부와 접선했다는 이유로 구속되면서 반민특위는 심각한 존립의 위기를 맞는다. 특히 이들 세 의원에 대한 석방결의안이 부결되면서부터 국회의 전체적인 흐름은 반공의식이 대세를 이루었다.

구속된 세 의원에 대한 수사가 확대되자 혐의를 받는 국회의원의 수가 더욱 늘어나고, 이들의 행동이 남로당의 정책노선과 일치하는 행위들이 뒷받침됨으로 인해서 이들 모두가 국회에 침투한 공산당 프락치로 몰리게 되었다. 특히 이들은 외군철수결의안을 본회의에 상정했지만 부결되자 활동무대를 원외로 옮겨 유엔한국위원회에 외군철퇴 요구진언서를 제출, 정치적인 파문을 일으켰고, 또 김병회 의원 외 71인은 1949년 2월 4일 '미·소 양군의 철퇴로써 평화통일 이루자' 는 결의안을 상정했지만 재석 159인중 가 37, 부 95로 부결되었다.

원내 소장파들의 이러한 움직임을 주시한 정부는 배후 수사를 강화한 끝에 남로당 특수조직부가 있는 서울 중구 사무실을 급습, 일련의 기록들을 확보, 증거를 보강한 후 김약수 부의장을 비롯한 13인의 혐의를 파악하고 이들을 전원 기소하여 유죄를 확정하였다. 그러나 모두 상고하여 재판을 받던 중 한국전쟁으로 풀려난 후 모두 월북, 혹은 납북으로 정치적 생애가 끝났다.

이 사건을 두고 좌파 일각에서는 정부가 조작했다는 설을 퍼트렸는데 아직도 그런 설이 살아 있다. 하지만 최신의 연구 결과를 보면 13명 의원 중 핵심인 노일환·이문원은 혐의가 확실하였고, 나머지는 공산당의 지령을 직접 받지는 않았지만 깊숙이 동조한 것으로 평가받고 있다.[103]

그렇게 해서 국회 프락치사건으로 반민특위는 모든 동력을 상실하였다. 이때 법무장관으로 재임하다가 국회로 되돌아온 이인(李仁) 의원은 반민법 개정을 추진, 1949년 7월 6일에 반민법의 시효를 1950년 6월 20일에서 1949년 8월 31일로 단축하기로 하고, 시효 완성 이후 특위 계류중인 모든 송무(訟務)는 대법원과 대검찰청으로 이관하기로 결의하였다. 그리고 특위 간부들 전원이 사퇴하고, 새로운 진용으로 재구성되기에 이른다.

안두희의 김구 선생 시해

바로 그즈음인 1949년 6월 26일 원내 소장파들과 반민특위 위원들

---

103) 안도경, "1949년 국회 프락치사건의 재조명", 〈한국정치학회보〉 제55집 제5/6호 2021년, pp.1269-92(24pages). 안교수는 "한·미 간에 미군 철수에 대한 논쟁이 진행중인 가운데 소장파 국회의원들이 두 차례에 걸쳐 유엔한국위원단에 미군 철수를 요구하는 진언서를 제출했다. 미군 철수로 위기감에 휩싸인 집권세력은 국회의원들에 대한 남·북노동당 공작의 증거를 최대로 해석하였다. 국회 프락치사건은 냉전의 심화 속에 한반도에 상호 적대적인 두 개의 국가가 수립됨으로써 남한의 정치 지형이 축소되어 가는 과정을 보여준다. 이 사건으로 인하여 정치적 자유와 법의 지배가 중대하게 후퇴하였으나 그것이 헌정의 파괴로 이어지지는 않았다"고 결론.

의 정신적 지주였던 백범 김구 선생이 안두희(安斗熙)의 흉탄을 맞고 서거하였다.

안두희의 일기록(日記錄)에 의하면 김구는 방북, 김일성 주도의 정당사회단체연석회의에 다녀온 후부터 이승만 주도의 대한민국 정부 수립을 비판하면서 1949년 8월 15일을 기하여 자기를 지도자로 옹립하려는 조직을 동원, 모종의 실력행사를 꾸미고 있음을 규지(窺知)하였다고 한다. 자기도 그 일을 위해 포섭된 군장교였지만, 김구의 길이 정당한 길이 아님을 담판 끝에 확인했다고 쓰고 있다. 그는 백범을 없애는 것이 구국이라고 판단, 시해했다는 것이다.

당시 헌병대에서 심층조사를 통해 안두희의 모든 것을 밝혔지만 이승만은 백범의 위상, 대한민국 정계에 미칠 영향, 국제사회에 투영될 한국의 이미지 등을 감안하여 제대로 된 진상은 그대로 덮어 버린 채 큰 애국자의 안타까운 죽음에 대한 국민적 추모 분위기를 한껏 드높여 국민장으로 모시고, 군법회의에서는 안두희에게 무기징역을 언도하는 것으로 사건을 마무리지었다.

안두희는 복역중 한국전쟁 발발로 형집행정지로 가석방되어 7월 10일 국방부장관 특명4호로 육군소위로 복귀, 한국전쟁에 참전한 후 육군소령으로 예편하고 강원도 양구에서 사업가로 활동하다가 1996년 향년 79세로 사망하였다.[104]

결국 국회 프락치사건은 주한미군 철수라는 북한공산당의 남침 여

---

104) 안두희, 《시역(弑逆)의 고민》, 타임라인, 2020년 개정판.

건 조성을 위한 공작의 산물이었음이 1949년 미군 철수에 뒤이어 시작된 6·25남침에 의하여 사실로 입증되었고, 백범이 부르짖은 소위 단독정권 반대라는 정치 명분도 북한의 남침에 의하여 그 무모성과 허구성이 입증되었다. 결국 반민특위는 남북한이 냉전의 한복판에서 매일 매순간 갈등과 충돌을 피할 수 없는 상황에 놓여 있었기 때문에 이승만이 표방하는 건국을 위한 정치현실주의 노선에 눌릴 수밖에 없었다. 더욱이 36년간이라는 긴 세월의 식민지배로 국내 거주자로서 친일로부터 완전히 자유로울 수 있는 사람이 거의 없다는 상황 윤리에 비추어 실효를 거두기는 힘들었을 것이다.

그렇게 해서 입건된 682명 중에서 기소 221건, 판결건수 40건, 체형 14건에 지나지 않았으며, 그마저도 한국전쟁으로 인해 유야무야(有耶無耶)되었다. 그러다가 1951년 2월 법 자체가 폐지됨으로써 더 이상 처벌이 행해질 전망도 사라졌다. 결국 반민특위는 한국에서 새로운 독립정부가 태어나는 정치 명분으로 뜨겁게 강조되었지만 북한 공산주의자들의 지속적인 전복 획책과 교란, 침략전쟁으로 말미암아 소기의 성과를 거양하지 못한 채 역사 속에서 시들어 버렸다.

우리는 여기서 국가 전복을 막기 위한 대공투쟁이 반민특위보다 더 긴급하고 중요하다는 이승만의 정치현실주의가 정치 명분이나 정치 이상주의를 압도해 버린 한반도 냉전 건국사의 한 국면을 엿볼 수 있다. 실로 유감스럽고 통탄스러운 역사의 흔적으로 기억될 것이다.

2. 제헌국회와 농지개혁

제헌국회는 2년 임기 안에 대한민국 건국의 기초가 되는 헌법과 행정조직에 관한 입법업무를 완수하고, 정·부통령을 선출하여 정부를 수립하였다. 동시에 제헌국회는 헌법 101조의 요구에 따라 해방된 조국의 정치혁명이라고 부를 만한 반민족행위자처벌특별법을 제정 시행하였으며, 나아가 헌법 제86조의 규정에 근거해서 가히 민족사의 경제혁명으로 평가될 농지개혁법을 제정하였다. 이하 농지개혁법이 제정되는 과정과 의의·성과를 점검하고 평가하기로 한다.

농지개혁은 주지하는 바와 같이 우리나라의 농지소유제도를 변혁함으로써 농촌사회뿐만 아니라 전 사회경제적 구조를 바꾼 획기적이고 혁명적인 사업이었다.[105] 이를 계기로 소작료에 의해 호화생활을 누려 오던 지주계급은 소멸되고, 농지는 직접생산자인 농민에게 돌아가게 되었으며, 자작농체제와 자본 형성의 기초가 동시에 마련됨으로써 오늘날과 같은 한국 자본주의의 눈부신 발전이 가능하게 되었다. 특히 1970년~1980년대의 고도성장의 뿌리에 자작농을 획기적으로

---

105) 김영진, 한국농촌경제연구원장, 《한국농지개혁사》, 1989년, 서문.

증대시킨 농지개혁이 존재한다는 사실이 밝혀졌다.[106]

1) 농지개혁 이전의 농지보유 상황

해방 당시 우리나라 전체 인구의 70%는 농민이었고, 농민의 67%는 소작농이었으며, 1정보 미만의 영세자작농까지를 합치면 영세농민의 총수는 실로 90%에 달했다.

이를 총경지 중심으로 살펴보면 총경지 232만 정보 중에서 소작지는 63.4%에 해당하는 147만 정보였는데, 이 중에서 일본인 지주의 소유는 9.9%였으며, 조선인 지주의 소유는 53.5%였다. 5정보 이상을 소유하는 지주는 전국에 약 5만 호 정도로 이들의 소유 비율은 24.6%였고, 5정보 이하를 소유하는 지주는 전국에 약 15만 호로서 그 점유비율은 28.9%였다.(조선은행 조사부, 《경제연감》, 1948년 참조)

이를 남한에 한정해서 보면 총농가 호수 약 200여만 호 중에서 자작농은 13.8%에 불과하고, 순소작농과 자소작 및 소자작농은 83.5%에 해당된다. 이러한 사정은 대부분의 농지는 극소수 지주들의 수중에 있었으며, 대다수의 농민들은 사실상 소작농이었다고 해도 과언이 아니었다.

일본 조선총독부의 농지정책은 주로 조선인 지주들의 이익을 보장

---

106) 李在教, "세계적 유례드문 성공작, 혁명 없이 耕者有田 원칙 확립", 《월간조선》 (2006년 3월호), p.371.

해 주는 데 중점을 두었다. 지주들에게 경제적 안정을 보장해 줌으로써 일본에 대한 지주들의 지지를 확보할 수 있었기 때문이다. 이 바람에 식민지시대의 농민들은 3중의 수탈과정에 놓여 있었다. 일본총독부의 억압적인 강탈정책의 대상이자 조선인 지주들의 가혹한 소작료에 의한 착취 대상이었으며, 일본인 상공업자나 지주들의 수탈 대상이기도 했다. 이렇게 가장 가혹한 억압과 약탈의 대상으로 반인간적 상황으로까지 내몰렸던 것이 당시 한국 농민들의 삶이었다.

이러한 상태에서 해방을 맞은 대다수 농민들에게 해방의 의미는 곧 농토에 대한 기대로 연결될 수밖에 없었다. 이런 상황을 놓고 볼 때 만일 해방이 우리 손으로 이루어졌거나 민족운동의 자주투쟁으로 독립을 획득했다면 농민혁명은 필연적으로 즉시 폭발할 가능성을 안고 있었다.[107] 따라서 당시 남한 사회는 사실상 농민 저항과 그 투쟁의 일촉즉발의 위기에 놓여 있었던 것이다.

해방된 지 한 달도 못 되어 조선공산당이 전국적 정당으로 조직이 활성화되고, 미군정의 억압과 규제에도 불구하고 강고하게 버티면서 투쟁력을 발휘할 수 있었던 것도 이러한 농촌 사회의 폭발적 성격에 기인했다. 비록 진압되긴 했지만 대구 10월사건은 혁명적 폭동으로 확산된 대표적 사건의 하나였다. 따라서 신생 대한민국은 농지 문제에 대해서 적절하게 변혁을 전개하지 않을 경우 곧장 농민은 물론 일반 국민들로부터 외면당하지 않을 수 없을 만큼 긴박한 과제였다.

---

107) 진덕규, "농촌 지지기반이 된 李承晩의 농지개혁", 《한국논단》, 1992년 9월호, pp.215~216.

2) 농지개혁에의 시동

농지개혁 앞세운 공산당의 공세

해방정국에서 제기된 가장 뜨거운 쟁점은 조선공산당이 들고 나온 농지개혁이었다.

박헌영은 일본 항복 6일째 되는 1945년 8월 21일 조선공산당준비 위원회를 결성하고, 곧이어 장안파(長安派)를 흡수하여 9월 8일 조선 공산당을 결성하였다. 그리고 10월 5일 공산당 기관지 《해방일보》를 통해 〈토지는 농민에게 적정 분배—공산당의 토지 문제에 대한 결의〉를 발표하였다.

내용인즉 일본 제국주의 세력, 민족반역자, 대지주, 고리대금업자의 토지를 몰수하고 사원·향교·종중·관광체 및 중소지주의 자경(自耕) 범위를 초과하는 토지를 무상몰수하여 토지가 없거나 적은 농민에게 분여하되 그 관리권은 농민위원회 또는 인민위원회가 가질 것이며, 이것은 장기적 과제이고 당면 과제로는 3/7제로 실시하되 금납(金納) 으로 제하자고 제안했다. 이 주장은 1917년 볼셰비키혁명 당시 레닌 이 내세운 구호를 그대로 본뜬 것이다.

조선공산당의 이런 내용의 선전·선동은 당시 농민들에게 그대로 먹혀 건국준비위원회에 편승하여 조선공산당이 추진한 인민공화국이 라는 소비에트형 조직에 수많은 농민들을 끌어들였고, 당세가 급격히 확대되었다.

당시 미군정은 토지 문제를 방치할 경우 공산당의 당세만 확장되어 군정의 소기 목적을 달성하기 어렵다고 판단하고, 군정법령 33호로 일본인들이 조선에서 취득한 모든 토지·공장·재산 및 기타 소유권 중에서 일단 귀속농지를 농민들에게 방매하는 방식으로 소유권을 농민이 갖게 하는 방안을 강구하려고 하였다.

그러나 이때까지만 해도 조선에서 군정업무를 실시하고 있는 하지 군정과 미국무성은 귀속농지 처분 문제를 놓고 보조가 맞지 않았다.

미국무성은 모스크바협정에 따라 미소공동위원회를 통해 남북한의 토지 문제나 귀속재산 처리 문제를 소련과의 협의를 통해 처리할 방침이었다. 이에 반해 공산당의 선전공세와 테러를 제압하면서 군정을 실시하는 현지 군정당국은 귀속농지를 신속히 처리해야 한다고 주장하였다. 여기에 맥아더 장군도 가세하여 육군참모총장인 아이젠하워 장군에게 영향력을 행사함으로써 뒤늦게라도 의지를 관철시켰다.

그러나 1946년 1월 16일부터 25일까지 제1차 미소공동위원회 준비회의가 공동위의 재개에만 합의하고 다른 성과 없이 종결된 직후인 2월 12일, 소련은 미국과의 협의 없이 북한에 중앙정부가 만들어졌다고 발표하였다.[108] 북한 지역 5도행정국을 장악한 김일성이 출범시킨 북조선임시인민위원회를 지칭한 것이다.

이 발표가 있은 직후인 1946년 3월 5일을 기해서 북한은 토지개혁령을 발표하고, 전술한 바와 같이 20일 안에 경자유전(耕者有田)의 깃

---

108) 《한국농지개혁사》, 한국농촌경제연구원, 1989년, pp.310~313.

발을 내걸고 무상몰수·무상분배를 통한 토지개혁을 끝냈다고 발표하였다.

당시 조선공산당은 북한의 토지개혁을 진보적 조치라고 극찬하고, '토지의 평민적 해결'이라면서 박수를 보냈다. 남북한 공산당들의 토지정책은 한국 농민들의 의식에 큰 충격을 주었고, 공산당의 조직확대에 강력한 흡인력을 발휘하였다.

한편 미군정은 토지개혁법을 서둘러 제정하고 농민에게 토지를 나누어 줄 것을 남조선과도입법의원에 강력히 요구하였지만, 당시 입법의원을 지배하고 있던 한국민주당 의원은 물론 함께 대표를 내고 있던 조선공산당마저도 토지개혁 문제는 미군정이 다룰 일이 아니고 앞으로 탄생할 국민정부가 해결해야 할 과제라면서 미군정 주도의 토지개혁에 반대하고 법제정을 보이콧하거나 사보타주하는 입장을 취했다.

이에 미군정은 자기들이 확보하고 있는 일본인 지주의 토지·공장·시설물들을 입법의원의 동의 없이 1948년 5.10선거를 준비하는 시기에 자기들 권한으로 농민들에게 장기분할상환으로 소유권을 이전해 주는 방매(放賣)를 결행하였다.

헌법에 농지법 제정 근거를 마련한 유진오(俞鎭午)

대한민국 헌법은 당시 그 초안을 여러 단체나 개인 및 기관들에서 검토하였는데, 그 중에서 대표적인 것이 일정(日政) 때 친일 관료 출신들이 중심이 되었던 행정연구회 초안이 있었고, 다른 하나는 미군정을 남조선 과도정부로 개칭했던(군정법령 제141호, 1947년 5월 17일) 직후 사법부의 조선법전편찬위원회 내의 헌법기초위원회가 고려대 교수 유진오 박사에게 위촉해서 만든 초안이 있었다.

행정연구회 안은 신익희의 권고로 만들어졌지만 친일파에 대한 국민적 반발이 거센 분위기를 의식, 선뜻 앞으로 내놓지는 못하고 유진오 안과 통합해서 새로운 안을 만들었다. 하지만 전체적인 내용은 유진오 안을 그대로 살리면서 몇 군데 자구 수정만 가미했을 뿐 행정연구회 안은 사실상 쓰이지 않았다고 한다.[109] 두안의 근본적 차이점은, 행정연구회 안에 당시 사회 여론에서 헌법 논의의 핵심 쟁점으로 떠오른 토지개혁 문제가 배제된 데 비해 유진오 안은 토지개혁안을 부각시키고 있는 점이었다. 두 안을 간단히 대조해 보자.

행정연구위원회 안은 "토지의 분배 및 이용은 국가가 이를 감독하여서 그 남용·겸병을 방지하며, 자작농급 스스로 토지를 사용하는 자를 부식함을 목적으로 한다. 이러한 목적을 달성하기 위하여 필요한 경우에는 법률의 정하는 바에 의하여 상당한 보상으로써 토지를 수용한다"(제78조)고 규정, 지주체제를 그대로 옹호하였다.

이에 비해 유진오 안은 "토지는 농민에게 분배함을 원칙으로 하고 그 분배의 방법, 토지 소유의 한도, 토지 소유의 내용과 한계는 법률로 정한다"(제95조)로 규정, 양자 간에는 근본적인 차이가 있었다.

그러나 두 안을 놓고 양측이 협의한 결과 유진오 안의 '토지'를 '농

---

109) 柳鉉, "第1共和國憲法制定過程", 〈韓國의 社會와 文化〉 第7輯, 한국정신문화연구원, 1986년, p.195.

지'로 바꾸는 선에서 합의되었다. 합의된 초안은 "농지는 농민에게 분배함을 원칙으로 하고 그 분배의 방법, 소유의 한도, 소유권의 내용과 한계는 법률로 정한다"(제90조)로 하였다.

유진오는 후일 자기 회고록에서 당시 한국민주당의 영수인 인촌 김성수를 방문, 헌법 초안을 전하고 대화를 나누면서 헌법 초안의 몇 가지 기본 원칙을 설명했는데, 인촌은 정부형태로서의 내각제를 비롯 양원제·농지개혁·중요기업의 국유화에 대해서 대체로 찬성하면서도 농지개혁 문제 대해서는 약간 망설이는 기색을 보였다고 했다.

당시 인촌 김성수는 5정보 이상의 농지를 소유한 가구수가 전국 5만 호 이하일 때 3,247정보의 농지를 가진 조선 최대의 지주였고, 지주들이 중심이 된 한국민주당의 지도자였기 때문에 농지개혁 문제를 안이하게 보아넘기기 힘든 입장이었을 것이다.

그러나 농지개혁을 통해 농민에게 토지를 적정히 분배, 자기 소유 토지에서 농사를 짓도록 해주는 길만이 공산화를 막을 수 있는 최량의 길이라는 유진오의 주장에 인촌이 "그것도 그럴 것 같다"고 하여 농지개혁에 대한 동의를 얻어냈다고 회고하였다.[110] 인촌의 동의를 얻으면서부터 건국 헌법에 농지개혁법 제정의 근거 조항으로서 헌법 제86조가 설치되는 길이 열린 것이다.[111]

유진오는 공산당이 말하는 무상몰수·무상분배가 농지 국유화를

---

110) 《한국농지개혁사》, 한국농촌경제연구원, 1986년, pp.437~439.
111) 당초 유진오의 제1초안에서는 헌법 95조로, 제2초안에서는 90조에 농지분배 조항이 들어 있었지만 건국 헌법 심의과정에서 조정되어 86조로 최종 결정되었다.

추진할 전 단계의 선전공세임을 지적하여 김성수를 설득했던 것이다. 만약 인촌의 동의를 얻어 헌법 제86조가 제정되지 않고 농지개혁법이 발의되었다면 사유재산 침해라고 하여 국회에서 거론하기조차 어려웠을 것이고, 뒤이어 한국전쟁이 발발했으니 우리나라의 농지개혁은 오늘날 필리핀이나 브라질처럼 손도 못 댈 뻔하였다.

다행히 신익희가 이승만에게 유진오의 헌법 초안의 농지 조항에 대해 설명하자 흔쾌히 동의하고, 여기에 곁들여 이승만은 "내각책임제가 되면 대통령이 할 일이 적어지겠지만 부득이한 일"이라고 말했다(진의는 미확인)고 전해진다. 그렇게 해서 유진오의 헌법안은 당시 해방정국을 좌지우지할 3대 세력, 즉 군정당국·한민당·이승만의 지지를 얻는 헌법안이 된 것이다.[112]

3) 한민당의 농지개혁관과 정치 현실

당초 공산당은 한국민주당이 정국을 주도하는 한 지주들의 계급적 속성 때문에 농지개혁은 불가능할 것이고, 설사 5·10선거에서 우익 정권이 수립된다 해도 농지개혁은 되지 않을 것이라고 전망하였다.[113]

그러나 예상을 뒤엎고 한민당은 농지개혁을 수용하였다. 당시는 정

---

112) 《한국농지개혁사》, 앞의 책, p.440.
113) 《한국농지개혁사》는 p.434에서 1948년 4월 《朝鮮經濟》 제3권 2호 사설을 인용, 공산당 입장을 밝혔다.

국주도권이 한민당에 있었기 때문에 농지개혁을 통해 지주제(地主制)가 폐지된다고 하더라도 내각제 헌법제정으로 정권을 장악한다면 한민당은 지가보상액(地價報償額)과 귀속재산 처리과정에서 얻는 자산으로 농업이 아닌 새로운 산업주도 세력으로 변신하여 경제적 우위를 누릴 수 있을 것이라는 타산을 고려하고 있었기 때문이다.

한민당이 최초로 발표한 〈창당선언과 정책세목〉에서는 "토지 사유의 극도 제한과 농민 본위의 경작권 균등 확립"이었다. 이것은 소작지주제를 계속하되 소작농민의 경작권을 보호하는 이른바 소작입법체제를 의미한다.

그러나 인촌이 농지개혁에 동의한 것을 계기로 1946년 1월 한민당 선전부장 함상훈(咸尙勳)은 〈아당(我黨)의 주요정책(主要政策)〉에서 "대지주는 그 토지를 국가에 매각하여 기업가로 진출할 기회를 주고, 국유지는 소작농과 고용농부(머슴)들에게 경작권을 부여하여 소작료를 3/1 정도로 납입케 한다"는 이른바 토지국유제도를 제기했다. 여기서 대지주가 자기 토지를 농민들에게 매각하지 않고 소작시키겠다고 한 것은 경작농민들이 토지구매력이 없다고 보았기 때문이다.[114]

함상훈의 주장은 국유제이지만 그 본질은 한민당이 내놓은 최초의 지주유상해체론(地主有償解體論)으로 보아야 한다. 이때부터 한민당은 미군정이 추진한 좌우합작위원회의 토지정책으로서 체감(遞減)매상·무상분배론이 대두하자 1946년 10월 좌우합작위원회에 대한 반박논

---

114) 《한국농지개혁사》, 앞의 책, p.442.

리로서 유상매수·유상분배론으로 토지개혁정책을 근본적으로 바꾸면서 이를 입법화하는 데 나서게 되었다.

한민당의 이러한 태도 변화와 더불어 한국에서 농지개혁이 구체적인 입법과제가 된 것은 미군정의 토지 문제를 다루던 중앙토지행정처가 1948년 10월 대한민국 정부로 이관되면서부터다. 즉 미군정이 신생 대한민국 정부에게로 모든 권한을 이양해 주면서 주요한 입법과제들이 제헌국회의 소관으로 바뀌게 된 것이다.

그러나 이 과정에서 한민당의 태도에 영향을 미친 두 가지 사건이 발생하였다.

하나는 헌법제정 막바지 단계인 1948년 6월 19일 이승만 국회의장이 서상일 헌법기초위원장으로부터 건국 헌법을 최종적으로 보고받는 자리에서 내각제 개헌을 반대한다고 하면서, 내각제 개헌이 되면 "자기는 정계를 은퇴하여 사회운동이나 하면서 여생을 보내겠다"고 소견을 피력한 것이다. 이에 당황한 김성수·서상일 등 한민당 간부들은 숙의 끝에 이승만의 대통령중심제를 수용하기로 하였다. 이로써 내각제를 통한 집권으로 토지개혁에서 오는 불리(不利)를 만회하려 했던 한민당의 구상은 깨지고 말았다. 또 이승만은 자기의 정책노선인 유엔 감시하의 자유총선거를 통한 건국안을 비롯하여 국정의 모든 분야에서 그를 철저히 옹호했던 한민당이 추천한 인사들을 내각에서 대폭 중용하지 않았다.

국무총리 임명이 예상되던 인촌 김성수 대신에 이윤영을 국무총리로 지명했고, 김성수를 재무장관으로 임명하였다. 한민당은 이에 반발, 김성수는 재무장관을 고사(固辭)하였다. 이승만은 김성수의 고사를 받아들이면서 한민당이 추천한 김도연(金度演)을 재무에, 이인(李仁)을 법무장관에 기용하였다. 동시에 토지법을 다룰 농림부장관에는 한민당과 이해가 맞서는 공산당 출신의 조봉암(曺奉岩)을 임명하고, 귀속재산 처리를 주도할 상공장관에는 한민당과 거리가 먼 친(親)이승만계의 임영신(任永信)을 임명함으로써 한민당이 새 정부에 걸었던 모든 기대는 빗나가 버렸다. 여기에 맞서 한민당도 이윤영의 국무총리 인준을 거부하는 바람에 이범석 장군이 총리로 인준받게 되었다.

4) 농지개혁법의 입법화 과정

헌법적 근거 마련

농지개혁법 성립의 헌법적 근거는 헌법 86조로 "농지는 농민에게 분배함을 원칙으로 한다"이다. 이 조항은 헌법기초위원회의 마지막 단계에서 논의되었고, 또 한민당도 동의하는 사항이기 때문에 무난히 통과될 것으로 예상되었다.

그러나 "농지는 농민에게 분배함을 원칙으로 한다"는 '원칙'이라는 문구 하나의 삭제 문제를 놓고 국회 본회의에서는 뜨거운 논쟁이 일었다.

이 조항을 놓고 제1독회부터 논쟁이 시작되어 박순석 의원(영일군

갑, 무소속), 조종승 의원(단양군, 무소속), 김명동 의원(공주, 무소속), 신광균 의원(개풍군, 대한독립촉성국민회), 이병관 의원(경북 김천, 무소속) 등이 등단, 문제를 제기했고 제2독회에서는 전진한 의원(경북 상주 을, 대한독립촉성국민회) 외 10인이 '원칙'이라는 단어가 악용될 우려가 있으니 삭제할 것을 요구했고, 최범술 의원(사천 삼천포, 무소속)은 '원칙'을 빼면 지주농지를 일방적으로 몰수할 근거로 될 우려가 있다면서 원안 고수를 주장하였다.

이날 의사 진행을 맡은 이승만은 유진오 전문위원을 불러 초안의 취지를 설명케 했지만, 유진오는 토지 분배에서는 예외를 두지 않지만 법 운영과정에서 농지 상황에 변동이 생길 가능성을 염두에 두고 '원칙'이라는 문구를 추가했다고 밝혔다.

그러나 다수의 국회의원들은 한민당이 '원칙'이라는 문구를 악용, 지주의 실리를 획책할 우려가 있다면서 유진오의 해명을 수용치 않았다. 이승만은 '원칙' 문제를 둘러싼 토론자 수를 늘리면서 충분한 토론이 이루어지자 표결 끝에 '원칙'이라는 표현을 삭제하자는 개의수정안을 재석 172명 중 가 92 대 부 65로 통과시켰다. 이로써 헌법적 근거는 마련되었다.

뒤이어 조규갑 의원(김해 을, 무소속)과 권태욱 의원(마산, 무소속)이 농지만이 아닌 산지(山地)도 농지처럼 분배할 것을 요구하는 수정안을 발의하였다. 즉 "산림은 원칙으로 국유로 하고, 소면적인 농촌의 공유림 및 조림 개간방법은 법률로 정한다"를 헌법 제85조 2항으로 신설하자는 안이었다. 그러나 다수 의원이 토론에 참가한 끝에 표결한 결과 재석 173명 중 가 49 대 부 112로 수정안이 부결되었다. 부결 이유를 요약하면 다음과 같다.

산촌 농가가 어느 정도 산림 소유를 필요로 한다는 점과 균등사회의 이념을 실현하기 위해 산지(山地) 개혁도 절실히 필요하다는 점에는 모두 공감하였다. 그러나 산지와 농지는 기능이 다르기 때문에 관리 능력이 없는 농가에 산림을 분배해 보았자 산림을 황폐시킬 것이라는 점(박해극 의원: 밀양 을, 무소속), 산림 형태의 다양성으로 농지처럼 분배하기가 어렵다는 점(김우식 의원: 경북 달성, 한민당), 단기적 수익성이 낮은 삼림의 경우는 유일한 개혁방식인 유상매수·유상분배가 사실상 어렵다는 점(김명동 의원: 공주, 무소속)을 지적하고 있다.

제헌국회의 법안 토론은 대체로 그 수준이 높았고, 표결도 합리적 토론의 결과를 반영했다고 평가할 만하다. 이로써 농지개혁 관련 헌법 조항은 본회의 처리가 끝났다.

조봉암의 농림부안

이승만이 공산당 출신의 조봉암을 농림부장관으로 임명한 것은 농지개혁에 대한 그의 강력한 의지를 드러낸 것임과 동시에 지주세력이 중심이 된 한민당에 대한 견제의 의미도 내포되었다.

농림부장관에 임명된 조봉암은 주지하는 바와 같이 모스크바 동방노동자대학 단기과정을 이수하고 일제 치하에서는 ML당의 지하활동을 전개하다가 해방 후 좌익계의 총수 박헌영과 결별했던 성분 미지

(未知)의 인물인데, 이승만은 그를 농지개혁의 책임자로 임명하였다. 그는 장관 부임과 동시에 1948년 9월 4일 5인의 농지개혁법기초위원회를 구성하고, 법안제정에 착수하였다.

《한국농지개혁사(韓國農地改革史)》가 밝힌 바에 의하면 위원장은 조봉암 장관이고, 부위원장은 조봉암의 추천으로 임명된 강정택(姜挺澤) 차관인데, 그는 동경제대 경제학부 출신으로 공산당에 연계된 민족민주전선의 토지농업문제연구위원회의 총책임위원을 역임하면서 북한식 토지개혁을 주창한 좌익계 이론가였다. 정부의 기획처장 이순택(李順澤)은 강차관과 함께 농개법기초위원회의 부위원장으로 참여했는데, 그는 과도입법의원 산업노동위원회 위원으로서 한미합동토지개혁위원회에 참여했던 개혁지지자였고, 한민당 발기에도 참여하여 재산분과위원장의 요직을 맡았었다. 농지개혁법 실무총책임자인 농지국장 강진국(姜振國)도 일본 도시샤(同志社)대학 출신으로 조봉암의 열렬한 신봉자였고, 실무과장 4인 중 2인은 한국전쟁중 자진 월북한 것으로 알려졌다.

인적 구성이 이러했기 때문에 농림부안은 헌법 86조를 근거로 한 농지개혁법이 아니라 헌법 15조를 근거로 입안되었다. 헌법 15조는 "재산권은 보장하되 재산권의 행사는 공공복리에 적합하도록 하여야 하며, 공공의 필요에 의하여 국민의 재산권을 수용·사용 또는 제한할 때는 법률의 정하는 바에 의하여 상당한 보상을 지급함으로써 행한다"로 되어 있다. 따라서 헌법 15조는 공공목적에 필요한 사유재산의 강제수용이지 소작농민의 농지자산을 형성하기 위한 규정이 아니다.

그럼에도 불구하고 조봉암의 농림부는 그가 장관으로 입각하기 전 미군정에서 농지를 둘러싼 좌우 논쟁이 일어날 때 무상분배를 주장했던 자기 입장을 입각(入閣)과 동시에 더 이상 고집할 수 없게 되자 제3의 길, 즉 "유상매수도 아니고 무상흡수도 아닌" 길을 추구한 것으로 보인다고《한국농지개혁사》집필진들은 평가하고 있다.[115]

농림부는 기초위원회 발족 5개월 후 전국 범위에 걸친 공청회와 여론조사를 통해 도출된 결론을 토대로 그들의 입장을 다음과 같이 정리하였다.

(1) 농민의 토지소유 상한선은 2정보로 한다.

(2) 보상지가 상환은 평년수량의 150%를 3년 거치 10년으로 분할지급한다.

(3) 농민의 상환 시기는 120%를 6년 분할상환하고, 상환 기간중 농민들은 국세·수리조합비를 포함한 일체의 세부담을 면제한다.

(4) 분배된 농지의 소유와 상속은 허용하되 모든 농지의 매매 및 질권 등 권리행사와 소작·임대차를 금지한다. (이는 토지의 국가관리체제를 의미하는 것으로 북한이 토지국유화의 전 단계에 내놓은 조치와 유사하다.)

(5) 보상지가와 상환지가 간의 차이 30%는 국가가 보전해 준다.

(6) 지가상환의 대가로 받은 지가증권은 기업의 담보로 활용할 수 있게 한다.

---

115)《한국농지개혁사》, 앞의 책, pp.469~476.

이상 정리된 농림부안은 1949년 1월 24일 기획처와 법제처로 이송되었다. 이 안이 최종적인 농지개혁으로 굳어진 것은 아니지만, 국회가 한국민주당의 반대에도 불구하고 150%를 지가 상환비율로 정한 근거가 된 점은 평가할 만하다.

정부안과 국회안

농림부에서 정부로 이송된 농지개혁법안은 국무회의의 재검토 지시에 따라 농림부의 농지개혁법 기초위원회 부위원장으로 참여했던

1950년 3월 31일 발행된 지가증권

국가기획처장 이순택이 농림부안을 재검토, 새롭게 구성하였다.

소작농민의 이익을 위주로 짜인 농림부안은 우선 농지개혁법의 헌법적 근거를 헌법 86조가 아닌 15조를 원용한 데서 정부 내의 반발을 샀다.(유진오 법제처장)

해서 토지의 '매수'를 '징수'라고 표현한 대목을 바로잡고, 이어 토지 소유상한선도 농가 호당 2정보를 3정보로 올렸다. 소유상한선이 올라가면 분배할 농지가 줄어들어 중농체제 형성에 부담이 가지만, 한민당이 주축(11 대 7)이 된 국무회의 분위기에서는 지주들에 대한 최소한의 배려를 외면할 수 없었을 것이다. 또 보상지가와 상환지가를 200%로 동일하게 하면서 10년 분할상환으로 조정하였다. 이는 농림부 안에서 양자 간의 차이가 나는(150 대 120) 30%를 국가가 감당할 수 없다는 입장이었다. 그리고 소유권 이동 및 소작권 이동 방지 조항을 삭제하였다.

그렇게 농림부안을 기획처가 수정해서 만든 정부안은 1949년 2월4일에 국무회의를 통과하여 2월 5일 국회로 이송되었다.

정부안이 국회로 이송되었을 당시 국회에는 이훈구 의원(충남 서천군, 무소속)이 자기가 만든 사안(私案)과 농림부안·대한노총안 등 산업위원회로 회부된 안들을 참고안으로 하여 농림분과위원회 자체 안을 작성중에 있었다.

그러나 서상일 국회산업위원장은 농지개혁을 서두르라는 농민들의 요구와 이승만 대통령의 요구, 원내의원들의 누차에 걸친 농지개혁법안의 상정·심의 요구에도 불구하고 상정을 지연시켰다.

뒷날 밝혀졌지만 당시 지주들은 농지개혁이 임박했다는 분위기를 눈치채고서 소작인들에게 강매를 추진, 정부에서 매수할 토지를 미리 처분하고 있었다. 또 정부안이나 농림부안도 지주 입장을 대표하는 한국민주당으로서는 수용할 수 없는 토지 보유상한선, 지가보상액과 상환액 등을 조정할 수 있는 방도를 모색하는 데 급급하면서 농지개혁의 발효 시기가 늦으면 늦을수록 좋다는 견해를 가지고 있었다고 한다.[116]

그러나 지주들의 농지 매매가 극성을 보이자 정부와 여론은 농지개혁을 실시할 때까지 농지 매매를 금지하는 농지개혁임시조치법이 국회에 제출되어 심의 안건으로 확정되자 더이상 상정 유보정책을 밀고 갈 수가 없게 되었다. 그동안 농지개혁임시조치법과 지주들에게 불리하게 작성된 정부안의 상정·심의를 봉쇄해 오다가 1949년 3월 10일에야 국회산업위원회가 국회안으로 마련한 농지개혁법안을 의사 일정으로 상정하자는 긴급동의를 김봉조 의원(경북 청송, 무소속)을 통해 발의하고, 이 발의가 원내에서 가결되자 그간 마련되었던 사실상의 한민당안으로서의 농지개혁법안을 상정하여 심의에 착수한다.

국회는 수많은 논란 끝에 원내 다수를 점하는 한민당의 구상대로 소유한도 3정보, 보상지가 24할, 연간보상 3할, 상환연한 8년 균분을 주요 골자로 하는 농지개혁법을 1949년 4월 27일 통과시키고, 5월 2일 정부로 이송하였다.

---

116) 《한국농지개혁사》, 앞의 책, pp.486~491.

정부와 의회의 새로운 타협

그러나 정부는 5월 16일, 국회가 통과시킨 법률을 검토한 끝에 법안의 내용 구성이나 국론의 흐름에 비추어 수용할 수 없다면서 환부시켰다. 그러면서 이 당시 휴회중임을 이유로 국회가 통과시킨 농지개혁법을 사멸시킨다고 밝혔다.

그러자 국회는 대통령이 국회 소집을 요구할 수 있는 헌법 35조를 내세우면서, 국회 소집 요구도 하지 않고 국회가 통과시킨 법률을 사멸시킨 행위를 수용할 수 없다고 결의하고, 대통령의 법률안 거부권 행사가 기일을 넘겨 헌법 40조 4항을 위반한 만큼 국회가 가결한 법률안은 성립되었다고 결의하였다. 이에 정부는 국회와의 분쟁을 종식시키고 국회 자체의 수정을 기대하면서 1949년 6월 21일자로 국회가 의결한 농지개혁법을 법률 31호로 공포하였다.

그러나 농지개혁법은 공포는 했지만 수정이 따르지 않는다면 실행이 될 수 없는 미완의 법률이었다. 곧이어 국회는 농지개혁법 수정작업에 착수, 원내에서 심각한 토론을 벌인 끝에 한민당이 내놓은 토지소유상한선 3정보만 수용하고 다른 조항들은 당초의 정부안에 근접시켜 소유상한 3정보, 보상지가 15할, 연간보상 3할, 상환연한 5년 균분으로 확정하였다.

결국 한국민주당은 소유상한선만 관철했을 뿐, 나머지 핵심 조항들은 농림부안과 정부안의 절충점에서 확정된 새 농지개혁법이 1950년 3월 10일자로 공포되었다. 특히 보상지가 15할 등 조봉암의 농림부가 주장했던 원안이 농지개혁입법의 기준이 된 점도 유의해야 할 대목이다.

아슬아슬한 농지개혁의 집행

한민당이 농지개혁을 차일피일 지연시키는 바람에 1949년 6월에 법이 통과되었으나 관련법의 시행령이 마련되어야 했다. 결국 농지개혁법은 1949년 6월 2일에 공포되었지만, 그 수정안은 1950년 3월 10일자로 공포되었다. 따라서 농지개혁법 관련시행령과 세부시행규칙은 법제처에 회부되어 심사를 기다리는 상태에 있었다. 이하 법률과 법률시행령과 관련규칙의 제정 및 공포 일정을 보면 아래와 같다.

- 1949년 6월 21일 　 농지개혁법
- 1950년 2월 10일 　 농지위원회 규정
- 1950년 3월 10일 　 농지개혁법 수정
- 1950년 3월 25일 　 농지개혁법 시행령
- 1950년 4월 28일 　 농지개혁법 시행규칙
- 1950년 6월 23일 　 농지분배점수제 규정으로 실시된다.

여기서 본 법과 이 개정안은 국회를 통과해야 하지만 시행령은 법제처의 심의를 거쳐야 했으며, 여타의 규칙·규정은 농림부의 입법사항이다. 그런데 마지막 농가에 분배될 농지의 규모를 결정할 가구당

점수제 규정은 공포 2일 후에 한국전쟁이 발발하였다. 그러면 농지의 매수·분배는 어느 시점에서 시행되었을까?

이 점에 관하여 《국회사》를 보면 1.4후퇴 직후 국회가 제기한 '농지개혁 여하'란 서면질의(1951년 2월 16일)에 대해 농림부는 '1950년 4월 15일에 완료'(국회사무처, 1971년, p.392)했다고 답변하였다. 하지만 1950년 4월 15일 현재 농지개혁법 시행규칙은 물론 농지분배점수제 규정도 아직 제정되지 않았던 시점이다. 당시 지주들의 이익을 대변하는 민주국민당(한국민주당과 신익희의 국민당이 합당하여 민주국민당이 됨)이 내각의 다수를 점한 국무회의(11 대 7)는 시행령을 고의로 지연시키면서 춘경기(3~4월)만 넘기면 파종이 시작되어 농지개혁은 자동적으로 1년이 연장될 것으로 전망하고 농지개혁을 서두르지 않았던 것이다.

이러한 상황에서 농림부의 행정실무자가 조만간 농지개혁이 실시된다고 대외적으로 말할 수 있었던 것은 바로 이승만 대통령의 특별지시에 따라 법규명령이 조만간 실행될 것을 전제로 사실상 개혁조치를 취해 버렸기 때문이다. 즉 "춘경기가 촉박했으므로 추진상 불소(不少)한 곤란이 있더라도 만난(萬難)을 배제하고 단행하라"는 대통령의 유시(諭示; 농림부, 1950년, p.4)에 근거해서 농림부 당국자는 "1950년 4월 15일까지" 농지개혁을 실시했다고 말한 것이다.

실제로 개혁작업은 이루어졌었다. 당시에 처리된 정부문서를 보면, 개정법령과 시행령도 공표되지 않은 시점에서 농림부는 〈매수농지평가요령제정(買收農地評價要領制定)에 관한 건〉(1950년 1월 21일)으로 매수 대상 농지의 지가책정에 착수한 다음 〈농지소표취급(農地小票取扱) 에 관한 건〉(1950년 2월 3일)으로 매수농지의 필지별 농지소표(農地小 票)를 작성하였다.

여기에는 농지의 지적(地籍)·지번(地番)과 함께 소작인과 지주의 성 명이 기재되어 있기 때문에 이 소표를 소작인별로 취합하면 한 명의 소작인이 누구누구의 소작지를 인수하는지가 밝혀진다. 이것이 이른 바 '농가별분배농지일람표(家別分配農地一覽表)'로서, 이것을 읍·면사 무소에서 10일간 종람(從覽)하여 이의가 없으면 분배가 확정(시행령안 제32조)된다.

이 점에 관해 〈농가별 분배농지일람표 정리에 관한 건〉(1950년 2 월 24일)은 "늦어도 3월 15일부터 3월 24일까지 종람을 끝내도록 조 치"하라고 하였다. 그리고 다시 "불일간 공포될 농지개혁법 시행령(제 32조)으로…… 법적 효력을 갖게 될 것이니 양지위요(諒知爲要)"(《자료 집》 2, p.87)라 하였다.

이어 시달된 〈농지분배통지에 관한 건〉(1950년 3월 22일)으로 종람 이 끝난 농가에 우선 경작권 증명서를 발부하게 하였다. 여기에 경작 권만을 부여한 것은 후일 농지분배점수규정(1950년 6월 23일)에 의해 가족별 점수에 따라 재분배하기 위해서였다.

이러한 일련의 진행과정으로 볼 때 농지의 매수·분배가 완료된 공 식일자는 종람기간(3월 15~24일)이 끝난 3월 24일이고, 다음날(25일) 에야 비로소 시행령이 공포되었다. 이와 같이 농지의 매수·분배는 시행관계법령이 미처 공포되기 이전에 이미 이승만 대통령의 특별유시에 의해 강행되었던 것이다.

때문에 농림부는 농지개혁 시행령의 사후추인 형식을 취했지만, 따지고 보면 법령 부재하에 시행된 원인무효의 불법조치였다. 이런 의미에서 파행적인 개혁이었다. 하지만 그때 만일 관련법령의 입법을 기다렸다면 한국전쟁으로 인해 농지개혁은 그 시기를 놓쳤을 것이며, 더욱이 인공(人共) 치하에서 북한공산당 주도로 실시되었을 남한의 토지개혁안 때문에 심각한 사상적 충격과 동요를 일으켰을 것이다. 그러나 그런 일은 일어나지도 않았고, 감동도 자아내지 못하였다.[117]

실제로 한국전쟁 발발 이후 북한측은 1년 전부터 이미 준비해 왔던 〈남반부토지개혁령〉(1950년 7월 4일)을 공포하고, 박문규(朴文圭)를 위원장으로 하는 '농림성 남반부토지개혁지도위원회'(서울)가 결성되었다. 당시 북한으로부터 500명의 훈련된 토지개혁 요원이 남파(《로동신문》, 1950년 7월 25일)되었을뿐더러 이들의 노력에 의해 남한의 1,526면 중 그들이 점령·해방시켰다는 1,198면에서 596,202정보를 몰수하여 1,267,809호에 무상으로 분배했다고 《로동신문》(1950년 9월 30일)이 보도하였다.

그런데 〈남반부토지개혁령〉 제2조 5항에서 "이승만 괴뢰정부 및 그의 기관과 지주로부터 연부로 매입, 자작하는 토지는 몰수하지 않는다"고 하여, 이승만 정부의 농지개혁이 추인되고 있다. 이로써 남한에서의 농지개혁은 한국전쟁 이전에 이미 실시되었음을 알 수 있다.

---

117) 金聖昊, 앞의 글, p.204.

이와 관련하여 일본인 사꾸라이(櫻井浩)는 실제로 한국전쟁 후 북한에서 '포획문서(捕獲文書)'를 조사 · 분석한 후에 쓴 《Why did the Korean War 'Break Out' on June, 25?》(1983년)라는 미공개 논문에서, 김일성은 남한의 농지개혁을 와해시킬 목적으로 관계법령이 정비된 시점인 1950년 6월 25일을 기해 남침 D데이를 삼았을 것이라는 가설을 제시했었다.[118] 토지개혁을 국내에서 집권수단으로 삼았던 김일성의 전략으로 볼 때 의당 있을 법한 문제제기다. 따라서 민주국민당의 개혁 지연에 의표를 찌른 이 대통령의 '초법적 유시'는 결과적으로 김일성의 대남공작에 치명타를 가한 것이었다.

이렇게 볼 때 당시의 한국에서 이승만 대통령 없는 농지개혁이란 생각조차 하기 어렵다는 결론을 내릴 수밖에 없다.[119]

그렇게 해서 한국전쟁을 앞두고 농지개혁은 아슬아슬하게 마무리되었고, 지가증권을 받고 정부에 토지를 매각한 지주층들은 전쟁과 인플레이션 때문에 토지자본을 산업자본으로 전환시켜 기업을 일으킨 사람은 극소수에 불과했다. 게다가 1954년까지 완료되어야 할 지

---

118) 櫻井浩, 《韓國農地改革の再檢討》(アジア經濟研究所, 1976). 이 논문은 돌베개, 《韓國現代史의 재조명》(1982)에 번역 수록. _____, 〈1950年における朝鮮民主主義人民共和國にある韓國地域の土地改革〉(《アジア研究》 XXIX-1, アジア經濟研究所, 1988년 1월호). _____, 《Why Did the Korean War "Break Out" on June 25, 1950?-A Summary ofa New Hypothesis》(Institute of Developing Economics, Tokyo, May 1983). 위의 글도 김성호의 앞의 글 p.205 재인용.

119) 농지개혁에 관한 이승만의 생각은 1923년 3월 그가 하와이에서 편찬한 태평양잡지에 기고한 사설에 이미 뜻이 담겨 있었다. 이영일, 《미워할 수 없는 우리들의 대통령》(Hada, 2019), p.85.

가보상이 실제로는 1968년에야 완료되었다. 전쟁과 자연재해가 겹쳐 농민들의 부담 능력에 제약을 가했기 때문이다. 그러나 이 나라에서 수백 년 동안 내려오던 소작농체제가 무너지고 자작농의 시대가 열린 것이다.

1945년말 총경지면적의 35%에 지나지 않았던 자작지(自作地)의 비중은 농지개혁 실시 1951년말에는 96%로 급증했다. 일본의 경우 농지개혁 실시 후 자작지율은 한국보다 낮은 90%였다. 동남아나 중남미에서는 지주들의 격심한 반발 때문에 모두 실패한 개혁이 한국에서만 성공하였고, 결국 농지개혁의 성공이 1970년대 한국 고도성장의 기반이 되었다는 평가를 받고 있다.[120] 그러면 한국에서 농지개혁이 다른 나라와는 달리 이처럼 성공하게 된 까닭은 무엇일까?

농지개혁이 성공한 이유

학자들이 지적하는 성공 요인을 몇 가지 살펴보면 다음과 같다.

첫째, 미국의 대한정책의 핵심에 농지개혁이 포함되었고, 이것을 한국이 공산 침략에 맞설 대안으로 믿었다는 것이다. 미국이 미군정 시기에 귀속농지를 방매하여 농지개혁의 흐름을 불가역적으로 만들었다는 점을 들고 있다.

둘째, 이승만의 정치전략을 들고 있다. 이승만은 한민당으로 대표

---

120) 전강수, "평등지권과 농지개혁 그리고 조봉암", 《역비논단》, 2010년 7월호, pp.302~305.

대한민국 건국의 주역인 이승만 초대 대통령과 인촌 김성수 선생

되는 지주세력을 견제하면서 농민들을 자기의 지지기반으로 삼으려 했다는 것이다.

셋째, 농민층의 강력한 요구였다. 식민지 시기 지주들에게 고율의 소작료를 수탈당했던 농민들은 해방이 되자 식민지 지주제의 철폐와 농지개혁의 실시를 강력히 요구하였다.

넷째, 북한 토지개혁의 영향이다. 앞에서도 지적하였지만 북한은 1946년 3월 소련군정의 지시로 한 달 만에 무상몰수·무상분배를 내용으로 하는 토지개혁을 단행하였다. 정부가 농지개혁을 단행하지 않고는 남한 농민들의 마음이 북한으로 쏠릴 위험성이 있었다. 이 때문에 한민당계의 유진오가 헌법 초안을 작성할 때 김성수와의 대화에서 공산주의를 막는 최량의 방도가 농지개혁이라고 역설, 헌법 86조를 정할 토대를 만들었던 것은 전술한 바와 같다.

이런 일반적 논거 이외에도 법 기술적 측면에서는 우선 경자유전의 원칙에 따라 농지 소유의 상한을 3정보로 설정(농지개혁법 제6조 1항 및 제12조 1항)하고, 또 소작·임대차·위탁경영을 금지(농지개혁법 17조)했기 때문에 제도적으로 식민지하에서와 같은 지주제가 재생하는 것이 불가능하게 되었다.

끝으로 당시 한국의 대지주들은 거개가 일본 유학을 통해 신학문을 터득했기 때문에 독립된 한국이 농업을 넘어서 다른 산업 발전을 도모하여야 한다는 문제의식을 가지고 있었던 것이다.[121]

결국 한국은 농지개혁을 통해서 세계 최고의 토지 소유 균등성을 실현하면서 '자작농의 나라'로 변신하고, 이것이 밑바탕이 되어서 '한강의 기적'을 이루어 오늘날 G20의 반열에 오르는 역사를 일구어낸 것이다.

---

121) 《한국농지개혁사》, 앞의 글, pp.459~460에서 姜振國 초대 농림국장의 연설과 pp.497~498에서 서상일(徐相日) 국회산업위원장의 농지개혁법 제안 설명에 같은 취지의 주장이 실려 있다.

글을 마치면서

대한민국은 제정된 헌법을 1948년 7월 17일에 공포하고, 이승만 국회의장을 대통령으로 선출한 후, 1948년 8월 15일 정부가 수립됨으로써 건국의 과업을 마쳤다. 이어 1948년 12월 12일 파리에서 열린 유엔총회는 대한민국을 승인함으로써 명실상부한 주권국가로 공인되었다.

이 당시 북한은 대한민국보다 2년 앞서 소련의 위성국가로서 단독정부를 수립해 놓고 있다가, 분단 책임을 대한민국측에 전가하기 위해 대한민국 정부가 정식 출범한 후인 1948년 9월 9일에 조선민주주의인민공화국이란 명칭의 정부 수립을 공식화하였다.

이상으로 남북한에 분단국가로서의 두 개 정부가 세워진 경과를 살펴보았다. 그러나 역사학자들 가운데는 객관을 위장한 편향된 시각에서 남북한을 대등하거나, 심지어 북한정권을 더 정통적인 것으로 묘사하는 종북주의자들이 없지 않았다.

그러나 남·북한을 공정히 비교할 때, 대한민국은 신생 민주국가가 탄생할 때 거쳐야 하는 모든 절차와 산고(産苦)를 거쳤다. 총선거와 제헌국회의 치열한 토론과 항일독립운동사와의 연계를 살리려는 진지한 심의과정, 각계각층에서 쏟아져 나오는 의견 대립과 충돌을 극복하면서 명실상부한 민주국가로 태어나게 되었다.

더욱이 정통성 문제와 관련해서 주목해야 할 것은 북한정권은 소련 점령군들의 지시로 성립된 위성정권이기 때문에 항일독립운동의 지휘탑 역할을 했던 대한민국 임시정부를 털끝만치도 계승했거나 연관된 흔적이 없다는 사실이다. 왜냐하면 북한정권은 자주독립국가를 지향해서 수립된 민주 정부가 아니고, 세계 공산혁명을 꿈꾸는 소련공산당의 위성정권으로 세워졌기 때문이다.

대한민국은 주지하는 바대로 국호·국가·국기에 이르기까지 대한민국 임시정부의 많은 것을 계승하였으며, 조소앙(趙素昻)이 기초했다는 건국강령이나 임시헌장의 모든 정신도 헌법 조항에 폭넓게 반영되었다. 특히 대한민국 임시정부의 초대 대통령으로 추대되었던 이승만이 대한민국 초대 대통령으로 선출되었으며, 임정 요인인 이시영(李始榮)이 부통령, 이범석(李範奭)이 국무총리, 이청천 장군이 무임소장관을 맡는 등 각료도 모두 항일운동가로서 이른바 친일파로 비판받을 만한 인물은 한 사람도 포함되지 않았다. 이는 앞에서도 적시했지만 북한이 상당수의 친일분자를 각료에 포함시킨 것과는 대조적이다. 그 당시 북한정권의 인사권은 소련군정이 쥐고 임명하였기 때문이다.

또 북한에서는 모든 생산수단과 토지를 국유화하거나 집단적 소유로 바꾸고 사적 소유를 부정하는 사회주의 국가를 지향했기 때문에 무상몰수·무상분배의 구호를 내걸고 경자유전의 원칙에 따라 농지를 잠시 분배해 주었을 뿐이다. 소작농으로 있다가 자기가 경작권을 갖게 된 농민들은 기쁨에 넘쳐 김일성을 찬양했다지만, 그것은 폭풍 속에서 잠시 햇볕을 만난 기쁨에 불과하였다. 농업의 집단화라는 명칭으로 국유화되기 이전까지의 짧은 시간 동안만 자기 명의의 소유권이 아닌 경작권을 가졌을 뿐 1950년대 중반부터 북조선을 장악한 김일성 대지주(大地主)의 소작농으로 전락해 버렸다. 결국 북한 땅에서는 자기 땅을 소유한 농민도, 해방된 노동자도 존재할 수가 없었다.

2022년 현재 북한은 지구 최빈국이고, 한국은 세계 랭킹 7위에서 10위 사이를 달리는 선진국이 되었다. 특히 오늘의 북한은 전체 인민을 식량 부족, 에너지 부족, 의약품 부족이라는 지옥 같은 고난 속에 몰아넣고 핵무기와 미사일 개발로 3대에 걸친 세습 독재체제 유지에 전력을 쏟고 있다. 국제적인 고립 속에서 자력갱생의 구호를 외치는 시대착오 집단으로 몰락해 가고 있는 것이다.

최근 한국의 한 외교관은 그의 저서에서 "이미 제조한 핵과 미사일을 그대로 지키면서도 추가 생산만 포기해도 당장 1~2년간은 주민들이 먹고 살 식량을 해결할 수 있고, 이미 생산한 핵과 미사일을 포기하면 향후 수십 년은 식량 걱정 없이 살아갈 수 있는 보상을 챙길 수 있다"면서 핵과 미사일을 계속 늘리면서 식량 문제까지 해결하려는 김정은의 생각은 망상이라고 지적하였다.[122]

남·북한은 같은 민족인데도 국가 발전에서 이렇게 큰 차이기 생긴

---

122) 천영우, 《대통령의 외교안보어젠더》, 박영사, 2022년, p.183.

까닭은 무엇인가? 두 가지 요소가 한국을 북한보다 더 강하고 풍요롭게 발전시켰다고 봐야 할 것이다.

첫째, 한국은 발전의 주체가 겨레나 민족이 아니라 국가다. 민족이 국가를 발전시키는 것이 아니라 국가가 민족을 발전시키기 때문이다.[123] 이 점에서 국내 일부 좌파이론가들이 내세우는 민족사관론은 하나의 허구이거나 말장난에 불과하다.

둘째, 한국에는 주권이 국민에게 있다. 주권이 당에 있는 국가나 주권이 수령에게 있는 국가와 주권이 국민에게 있는 국가 간에는 국가 발전이나 국민의 행복감에 큰 차이가 존재한다. 더구나 오늘의 북한에는 권력이 당도, 인민도 아닌 수령에게 있다. 수령에게 주권이 있는 나라에는 개인의 자유도, 국가의 발전도 있을 수 없다. 주권이 당에 있는 국가에서도 자유는 제한된다. 그나마 수령 한 사람에게 주권이 있는 국가보다는 당이 주권을 행사하는 나라가 정책 결정의 폭이 넓고, 국력 신장을 위한 협력과 중지를 규합하는 면에서 수령체제보다는 우월하다.

요즈음 우리 사회를 지배하는 새로운 담론은 우리도 모르는 사이에 한국이 선진국 반열에 들어섰다는 것이다. 유엔개발통상회의(UNCTAD)가 개발도상국 77개국 중에서 선진국으로 도약한 유일한 나라가 한국이라고 발표했기 때문이다. 그러나 한국에는 선진화된 서방 7개국에 없는 한 가지 복병이 청소되지 않고 있어 우리나라의 선진국 도달이

---

123) 최진석, 《최진석의 대한민국 읽기》, 북루덴스, 2021년, pp.57~59.

완전하다고 말할 수는 없다. 북한의 수령 독재를 추종하는 주사파 세력이 아직도 완전히 청소되지 못하고 있기 때문이다. 서방 7개국 어느 나라에도 없는 주사파가 사라지지 않는 한 우리의 선진화는 여전히 불완전성을 면할 수가 없다.

우리는 앞서 검토한 바 건국전사(建國前史)로부터 오늘에 이르기까지의 헌정사가 입증하듯 개인의 자유와 창의를 존중하고 주권을 당이나 수령이 아닌 국민이 갖는 국가에서 태어난 것이 진실로 큰 축복임을 실감한다. 앞으로 주사파를 청소하면서 이 길을 지키고 나아갈 때 우리 대한민국이 주도하는 선진 통일시대는 반드시 열릴 것이다. 여기에 대한민국 건국사를 새롭게 되돌아보는 연구가 갖는 참된 의의가 있다 하겠다.

대한민국 건설에 생의 모든 것을 바쳐 불꽃처럼 살다간 수많은 선구자들에게 무한한 존경과 감사를 드린다. 더불어 이상세계 건설에 실패했지만 스스로 옳다고 생각한 바대로 매진하다가 역사의 수레바퀴에 희생당한 무수한 지사들에게도 똑같은 경외의 념을 바친다. 나는 대한민국이 자랑스럽다! 정말로 자랑스럽다!

찾아보기

이영일(李榮一)

전남 함평(咸平) 태생으로 광주(光州)에서 초중고등학교를 마치고, 서울대학교 문리과대학 정치학과를 졸업했다. 대학 3학년이 되던 1960년에는 서울대학교 4·19 학생시위의 선두에서 활약했고, 이어 남북학생회담을 제안한 민족통일전국학생연맹을 조직, 선전위원장으로 활약하다가 5·16군사혁명재판에서 7년징역형을 받고 1년 후 형면제로 출감, 1965년에는 한일회담 반대시위와 관련 내란죄로 수감되었다가 무죄로 석방되는 등 두 차례의 옥고를 치렀다.

대학 졸업 후에는 신원조회에 걸려 취업의 길이 막혀 어려움을 겪었다. 다행히 성균관대학교 사회과학연구원 조교로 채용되면서부터 《사상계(思想界)》 등 주요 월간지에 칼럼을 쓰는 등 문필생활을 하다가 동양통신 외신부 기자로 특채되었다. 이때 국토통일원이 창설되자 선배들의 추천으로 간신히 국토통일원 상임연구위원으로 위촉되었다. 이때부터 운이 트였다. 상임연구위원으로서 金永善 당시 통일원장관이 맡겨 준 과제로서 〈단계적 평화통일 접근방안〉을 독창적으로 연구, 발전시킨 실적을 평가받아 국토통일원 정치외교정책담당관(2갑)으로 특진하고 남북적십자회담 전략지원반장을 맡아 대화사업과 협상요원들의 교육훈련을 지원했다. 이어 통일원 대변인, 교육홍보실장을 거쳐 통일연수소장(지금은 통일교육원장)으로 재임중 민주정의당의 추천으로 제11대 국회의원(전국구)으로 당선되어 정계로 진출했다.

그후 광주 서구와 동구에서 제12대, 제15대 국회의원에 당선되었다. 민주정의당에서는 초대 중앙정치연수원장을 거쳐 민주정의당 전두환(全斗煥) 총재 비서실장을 역임, 미국·유럽 등 주요 정상회담의 공식 수행원으로 순방에 참여했으며, 국회직으로는 국회문교공보위원장을 지냈다.

정계를 떠나서는 한중문화협회를 15년간 맡아 오면서 중국 대륙의 26개 성을 두루 순방, 한중정상회담에도 공식·비공식 수행원으로 대중정상외교(김대중–장쩌민, 박근혜–시진핑)에도 관여했다. 또 한민족복지재단에서는 공동대표로 활동하던 중 북한어린이돕기사업, 의료지원, 농기구 지원사업 등에 관여하면서 북한 지역을 6회 방문한 바 있다. 현재는 대한민국 헌정회 통일특위위원장을 맡고 있으며, 재단법인 대한민국역사와미래의 고문으로 활동하고 있다.

주요 저서로는 《협상의 전략》(번역, 1972), 《분단시대의 통일논리》(1981, 전예원), 《햇볕정책의 종언》(2008, 전예원), 《미워할 수 없는 우리들의 대통령》(2018, 늘품출판사) 등이 있다.

'대한민국역사와미래재단'

　새천년을 맞으며 희망에 부풀던 세계는 미국과 중국의 패권전쟁에 이은 러시아의 우크라이나 침공으로 국제정세는 극도로 불안정해지고, 4차 산업혁명과 코로나 팬데믹으로 경제환경이 급변해지면서 국가의 흥망성쇠를 놓고 치열한 경쟁을 벌이고 있다. 이에 대한민국은 한반도를 둘러싼 미·일·중·소 4강의 이해가 첨예하게 부딪치는 지정학적 요인과 수출 위주의 경제구조를 가진 탓으로 대외적으로는 새로운 국제질서에 부응하고, 대내적으로는 극단적인 국민 갈등을 치유하면서 심각한 사회문제들을 해결해야 할 과제를 안고 있다.

　18세기 후반 영국은 노예거래, 매춘, 알코올중독 등의 사회문제로 극심한 혼란을 겪었고, 칼 마르크스는 자본주의가 고도로 발달하면 패망할 첫번째 국가로 영국을 꼽을 정도였다. 이때 윌리엄 윌버포스(1759-1833)를 비롯한 정치인과 종교인들이 한자리에 모여 영국의 장래를 위해 고민하며 토론하던 '클래팜 공동체'는 19세기 영국을 세계를 선도하는 국가로 변화시키고, 세계 최초의 노예해방과 사회보장제도 시행 등 현대 사회의 틀을 닦는 반전을 일구었다.

　'대한민국역사와미래재단'은 사회 각계에서 활동하는 전문인들이 모여 대한민국의 역사적 정체성을 정립하고, 국가의 밝은 장래를 위해 수행해야 할 세 가지 과제를 설정하여 구체적인 노력을 경주하고 있다.

'지혜의 숲 100인 포럼'

사회 각 영역의 전문인들이 모여서 '지혜의 숲 100인 포럼'을 결성하고, 분야별 문제점을 분석, 대안을 찾는 세미나와 격월로 한국 프레스센터에서 열리는 공개 포럼을 개최하고 있다. 양대 정당의 정책연구소인 여의도연구원(국민의힘), 민주연구원(더불어민주당)과 MOU를 체결하고, 국가 현안에 대한 정책 대안을 토론하는 공개 심포지엄도 진행하고 있다. 앞으로 세계적으로 유명한 전문 연구기관들과의 협력도 계획중이다.

'대한민국 역사문화연구회'

지금 대한민국은 극단적인 진영 논리에 따른 갈등을 겪고 있다. 특히 건국과 친일청산을 둘러싼 논쟁은 국가 정체성의 심각한 혼란을 야기한다. 이에 한국 현대사에 대한 학문적 성찰을 통해 대한민국의 역사와 문화를 연구하는 모임이다. 도서출판 동문선에서 '역사미래 총서'를 펴내는 한편 무크지 〈역사와 미래〉의 발간을 준비하고 있다.

'정치 꿈 아카데미'

현대 사회가 요구하는 역량 있는 국가지도자를 양성하기 위해 미국 Deep Springs College, 일본 마쓰시다정경숙, 프랑스 ENA와 같은 고도의 전문성을 가진 '정치 꿈 아카데미'(가칭) 설립을 준비하고 있다.

재단법인 대한민국역사와미래 http://www.kohif.or.kr/
주소: 서울시 영등포구 국회대로 62길 5, 신태진빌딩 5층
Tel.02-785-3451 Fax.02-785-3452 E-mail: kohif@naver.com

【東文選 文藝新書】

45	미술과 페미니즘	N. 부루드 外 / 屌承喜	9,000원
46	아프리카미술	P. 윌레프 / 崔炳植	절판
47	美의 歷程	李澤厚 / 尹壽榮	28,000원
48	曼荼羅의 神들	立川武藏 / 金龜山	19,000원
49	朝鮮歲時記	洪錫謨 外 / 李錫浩	30,000원
50	하 상	蘇曉康 外 / 洪 熹	절판
51	武藝圖譜通志 實技解題	正祖 / 沈雨晟·金光錫	15,000원
52	古文字學첫걸음	李學勤 / 河永三	14,000원
53	體育美學	胡小明 / 閔永淑	18,000원
54	아시아 美術의 再發見	崔炳植	9,000원
55	曆과 占의 科學	永田久 / 沈雨晟	14,000원
56	中國小學史	胡奇光 / 李宰碩	20,000원
57	中國甲骨學史	吳浩坤 外 / 梁東淑	35,000원
58	꿈의 철학	劉文英 / 河永三	22,000원
59	女神들의 인도	立川武藏 / 金龜山	19,000원
60	性의 역사	J. L. 플랑드렝 / 편집부	18,000원
61	쉬르섹슈얼리티	W. 챠드윅 / 편집부	10,000원
62	여성속담사전	宋在璇	18,000원
63	박재서희곡선	朴栽緒	10,000원
64	東北民族源流	孫進己 / 林東錫	13,000원
65	朝鮮巫俗의 研究(상하)	赤松智城·秋葉隆 / 沈雨晟	28,000원
66	中國文學 속의 孤獨感	斯波六郎 / 尹壽榮	8,000원
67	한국사회주의 연극운동사	李康列	8,000원
68	스포츠인류학	K. 블랑챠드 外 / 박기동 外	12,000원
69	리조복식도감	리팔찬	20,000원
70	娼 婦	A. 꼬르벵 / 李宗旼	22,000원
71	조선민요연구	高晶玉	30,000원
72	楚文化史	張正明 / 南宗鎭	26,000원
73	시간, 욕망, 그리고 공포	A. 코르뱅 / 변기찬	18,000원
74	本國劍	金光錫	40,000원
75	노트와 반노트	E. 이오네스코 / 박형섭	20,000원
76	朝鮮美術史研究	尹喜淳	7,000원
77	拳法要訣	金光錫	30,000원
78	艸衣選集	艸衣意恂 / 林鍾旭	20,000원
79	漢語音韻學講義	董少文 / 林東錫	10,000원
80	이오네스코 연극미학	C. 위베르 / 박형섭	9,000원
81	중국문자훈고학사전	全廣鎭 편역	23,000원
82	상말속담사전	宋在璇	10,000원
83	書法論叢	沈尹黙 / 郭魯鳳	16,000원
84	침실의 문화사	P. 디비 / 편집부	9,000원
85	禮의 精神	柳 肅 / 洪 熹	20,000원
86	조선공예개관	沈雨晟 편역	30,000원
87	性愛의 社會史	J. 솔레 / 李宗旼	18,000원
88	러시아 미술사	A. I. 조토프 / 이건수	26,000원
89	中國書藝論文選	郭魯鳳 選譯	25,000원

90	朝鮮美術史	關野貞 / 沈雨晟	30,000원
91	美術版 탄트라	P. 로슨 / 편집부	8,000원
92	군달리니	A. 무케르지 / 편집부	9,000원
93	카마수트라	바짜야나 / 鄭泰爀	18,000원
94	중국언어학총론	J. 노먼 / 全廣鎭	28,000원
95	運氣學說	任應秋 / 李宰碩	15,000원
96	동물속담사전	宋在璇	20,000원
97	자본주의의 아비투스	P. 부르디외 / 최종철	10,000원
98	宗教學入門	F. 막스 뮐러 / 金龜山	10,000원
99	변 화	P. 바츨라빅크 外 / 박인철	10,000원
100	우리나라 민속놀이	沈雨晟	15,000원
101	歌訣(중국역대명언경구집)	李宰碩 편역	20,000원
102	아니마와 아니무스	A. 융 / 박해순	8,000원
103	나, 너, 우리	L. 이리가라이 / 박정오	12,000원
104	베케트연극론	M. 푸크레 / 박형섭	8,000원
105	포르노그래피	A. 드워킨 / 유혜련	12,000원
106	셀 링	M. 하이데거 / 최상욱	12,000원
107	프랑수아 비용	宋 勉	18,000원
108	중국서예 80제	郭魯鳳 편역	16,000원
109	性과 미디어	W. B. 키 / 박해순	12,000원
110	中國正史朝鮮列國傳(전2권)	金聲九 편역	120,000원
111	질병의 기원	T. 매큐언 / 서 일 · 박종연	12,000원
112	과학과 젠더	E. F. 켈러 / 민경숙 · 이현주	10,000원
113	물질문명·경제·자본주의	F. 브로델 / 이문숙 外	절판
114	이탈리아인 태고의 지혜	G. 비코 / 李源斗	8,000원
115	中國武俠史	陳 山 / 姜鳳求	18,000원
116	공포의 권력	J. 크리스테바 / 서민원	23,000원
117	주색잡기속담사전	宋在璇	15,000원
118	죽음 앞에 선 인간(상하)	P. 아리에스 / 劉仙子	각권 15,000원
119	철학에 대하여	L. 알튀세르 / 서관모 · 백승욱	12,000원
120	다른 곳	J. 데리다 / 김다은 · 이혜지	10,000원
121	문학비평방법론	D. 베르제 外 / 민혜숙	12,000원
122	자기의 테크놀로지	M. 푸코 / 이희원	16,000원
123	새로운 학문	G. 비코 / 李源斗	22,000원
124	천재와 광기	P. 브르노 / 김웅권	13,000원
125	중국은사문화	馬 華 · 陳正宏 / 강경범 · 천현경	12,000원
126	푸코와 페미니즘	C. 라마자노글루 外 / 최 영 外	16,000원
127	역사주의	P. 해밀턴 / 임옥희	12,000원
128	中國書藝美學	宋 民 / 郭魯鳳	16,000원
129	죽음의 역사	P. 아리에스 / 이종민	18,000원
130	돈속담사전	宋在璇 편	15,000원
131	동양극장과 연극인들	김영무	15,000원
132	生育神과 性巫術	宋兆麟 / 洪 熹	20,000원
133	미학의 핵심	M. M. 이턴 / 유호전	20,000원
134	전사와 농민	J. 뒤비 / 최생열	18,000원